安安静静办学

书生校长的办学手记

程红兵 著

Ananjingjing Banxue

上海教育出版社
SHANGHAI EDUCATIONAL PUBLISHING HOUSE

目 录

学校的使命是创建精神家园

学校的使命是给学生创建精神家园 3
学校文化应该让学生走向阳光 8
学校的理念在哪里 12
战略定位与特色办学 16
学校教育者的视角 19
学校以德为先、以诚为信 23
学校教育不能走极端 26
请尊重孩子的视角 29
尊重学生的上课权 33
不要向中小学生乱摊派 37
说说处罚的使用 40
何必都要龙头课题？ 43
学校管理　人人有责 46
学校领导要学会处理几对关系 50
把学校工作做到师生心里去
——点评新学期各部门计划 53
教育局长的专业化 59
阿曼的英国学校 62

教师要成为学习者

教师需要思想力 69

读点有文化含量的著作 72

复盘思维

——为耿慧慧《高中"复盘式"写作思维指导十八讲》作序 75

守护青年教师 78

让教师自由地成长 81

成为一个学习者、研究者 86

捡拾几片落叶,或空空荡荡 89

春天的追忆

——一个普通老师的回想 96

做一个理想的明德人

做一个理想的明德人 105

明德学科重组的课程整合 112

明德课改项目设计的五种意识 118

明德课程德育 121

思想从哪里来

——明德《西方思想文化名著选读》序 126

明德"彩虹阅读"计划 129

把社会打开,让学生进来 133

翻过那座山峰,你就到了 138

我的2016:在体系变革中迈向现代学校 141

孩子们,早上好! 144

孩子们,让我们确立自己的使命! 148

相伴 相知 相助

——家长开放日致家长 152

南国新唱毕业歌 155

把课堂打开
批判性思维在课堂 161
基于思维流量的语文课堂模型群建构 165
促进思维发展的课堂教学
——以一次中学语文研究课为例 171
课堂辩论激活学生的积极思维 176
课堂是教师专业修养的体现 180
课堂里的课程意识 184
课堂教学要目中有人 188
把更多的机会留给学生 192
把课堂打开 196
教师带着学生走向教材 201
课堂教学开头 205
历史场景与现实生活 210
课堂教学也是技术活 213
追询课堂教学机智背后的东西 218
关于教学质量分析 222
考试,考什么? 226
考试的人文关怀 230
考试之后如何以学生为本 235
警惕语文教学的考试化倾向 239

后记 241

学校的使命是
创建精神家园

学校的使命是给学生创建精神家园

学校是什么？学校是传递知识的地方，学校是教育人的地方，学校是培养学生能力的地方，这些判断都是正确的，但都没有点出核心所在。我以为学校的核心使命在于为学生创建精神家园。

说起家园，人们总是想起温暖而安全的地方，那个愉悦、舒适、轻松的物理空间，而精神家园则直接指向人的精神空间，是安放人灵魂的场所。无论岁月如何变迁，人们总是会想起那个寄托着自己的情感、自己的理想、自己的信仰的地方；无论人在何处，人们总是念念不忘那个承载着自己的经历、自己的体验、自己的感受的地方。物理的家园融汇了精神的因素，精神的家园常常需要物理家园的承载。

莱斯大学的绿色家园

1891年，美国南部休斯敦，棉花巨富威廉·马歇尔·莱斯捐资建立了莱斯大学。建校园时莱斯规定，原址上的橡树一棵不许动。从始建到完工，校园的橡树一棵没少，共689棵。于是，第一年招生就招了689名学生。人们不理解这种做法，因为按学校规模，至少可招1000名学生，而私立学校是靠学费生存的，少招学生就意味着收入减少。莱斯继续要求师生分片培育橡树和栽种新橡树。如果橡树妨碍了基建用地，必须不惜一切代价把橡树移栽到校园的另一个地方,并且必须保证它成活。倘若下一年的招生计划增加了,学校要做的第一件事就是先栽够相应数目的橡树。到1902年,校园里的橡树终于"饱和"了,共4890棵。这时,重病在身的莱斯立下一个规定:无论何时,学校里的学生不许超过4890人!他去世后,人们看到,莱斯大学声名鹊起,成了"美国南部哈佛"。到2008年,325公顷的校园里,4890棵橡树郁郁葱葱,而全校学生总数为4850人,比橡树的总数略少。而在公立学校,325公顷的校园,至少有9000名学生。100多年过去了,无论时代怎样变迁,经济如何发展,莱斯大学的学生数量总是少于橡树的数目!对于莱斯先生的规定,已没有人表示疑问或反对了。

  莱斯是企业家,更是教育家。成功的企业家有很多要素促使他成功,成功的教育家也有许多要素促使他成为教育家。作为教育家最主要的一条就是按照内心的价值观办事,按照自己对教育的理解办教育,按照自己的浪漫想法办学校,这种想法是纯净的,这种想法是美好的,莱斯超越了现实功利,超越了众多不一致的观点,特立独行,固执地坚持自己的主张。学校就是按照学校的样子办学,学校就是为学生的成长创建精神家园,十分难得的是莱斯坚持了自己的价值思想,不为小利所动,不为他人所动,坚持把学校办成绿色家园,把学校办成怡情悦性的精神家园,学生在这样的校园里生活,与橡树和谐相处,与自然和谐相处,在一片郁郁葱葱的绿色家园里健康快乐地成长。当毕业若干年之后,他们回想起自己在母校的日日夜夜,仍然会有一种莫名的感动。

  我们在国内的学校里看到的是另外一幅景象,我们不缺高楼大厦,不缺现代设备,不缺知识、能力,甚至不缺勤劳和智慧,但我们唯独缺乏浪漫的想法,缺乏一种超越功利的价值取向。我们不按教育规律办事,盲目扩大招生人数,想当然地合并,想当然地扩大,想当然地挖掘潜力,只顾眼前,不管未来,长官意志如此近视,结果必然带来许多后遗症。我们太现实,太务实,所务实的都是客观物质层面的东西,这就注定了我们学校的工厂化、公司化、商业化,唯独缺乏精神层面的价值追求,校园里没有精神家园的味道。当毕业若干年后,孩子们想起的更多是排名、竞争,仍然会有一种心有余悸的紧张。

现在流行顶层设计,顶层设计不可能十全十美,但教育者有没有坚持核心理念不动摇,教育者有没有特立独行的人生态度,有没有一种关于教育的浪漫的想法,有没有多元化的人生哲学,有没有对生活本身的富于诗情的理解,教育者有没有为学生创建精神家园的意识,在很大程度上将决定我们的学校将以一种什么样的样貌示人,将决定我们的学生今后生活方式的丰度与深度。惠特曼在一首诗里写道:"有一个孩子每天向前走去,他看见最初的东西,他就变成那东西,那东西就变成了他的一部分。"学生在学校里看到的是绿色的家园,那么绿色就成为学生心灵的主色,宁静,安详,富于生命的活力。还教育本来的面目,按照教育规律办学不动摇,学校办学就能正常化。

北京二中的文化家园

笔者曾经应邀担任北京市首批学校文化建设示范校的评审专家,到过北京二中,真切地感受过他们的文化家园。

> 北京二中是北京市东城区最好的一所高中,校长有一个"空气养人"的教育理念,创造一个文化空间,让学生置身其中,受到浸润,受到潜移默化的影响,从而起到教育的效果。我最欣赏的是北京二中的两个博物馆,一个是教师博物馆,一个是学生博物馆。教师博物馆陈列的是本校几代教师使用过的教学用具,有许多教师的备课笔记本,一个个用工整的小字写得非常规范的教案,有教师批改过的学生作业本,密密麻麻的红字,看得出教师的良苦用心,看得见教师高度负责的责任心,走过这里的新教师,走过这里的新学生,只要看到这些,就能想象出当时教师的模样,就能感受到这所学校的文化脉搏。教师博物馆里还陈列了许多教师当年用过的电风扇、二八六电脑、三八六电脑、录音机、收录机,还有当年教师使用

的钢板、蜡纸、油印机，以及他们自己油印的学习资料，锈迹斑斑的学校文件档案柜，斑斑驳驳的学校铜钟，等等。学生博物馆里里外外陈列着学生使用过的课桌椅、水壶、书包、笔、作业本，学生学习的课本，学生的篮球、足球、乒乓球拍，等等。从建校以来许多学生的照片，从1980年以来所有毕业班学生的照片，一个个稚气未脱，一个个童心未泯，一个个天真烂漫，一个个风华正茂，一个个豪情满怀，一个个飒爽英姿。

走过这里，仿佛穿过了时光隧道，回到了从前，想象得出当年教师的教学场景，想象得出当年学生的活动场景，想象得出当年学校的样貌。学校是为学生创造文化的家园、精神的家园。我想毕业几年的孩子，毕业十几年乃至几十年的孩子，当他有一天重回母校的时候，看到他的老师当年给他批阅的文字，看到当年他的老师给他准备的教案，他就会自然想起老师谆谆教诲的样子，就能想起语文老师激情洋溢地诵读课文，就能想起理化老师在实验室里教他们做实验的场景，就能想起数学老师徒手在黑板上画圆一气呵成的样子。当这些重回学校的毕业生看到当年毕业时的照片，看到他曾经打过的篮球，看到他曾经编过的班级小报，看到他曾经使用过的钢笔，就一定会触动他情感深处那记忆的闸门，那过去的岁月就像洪水般滚滚而来，他会自然想起与他共同度过美丽时光的老师和同学，他会自然记起第一次掉泪的时候，第一次上台演讲的时候，第一次获得篮球比赛冠军的时候，第一次和美丽的女生共出黑板报的时候，触景生情，潸然泪下。这就是家园的意义。

其实我们在世界许多知名的学校都能看到原汁原味的学校校史馆，著名的伊顿公学保留了许多当年的建筑单体，甚至还保留了上百年的课桌，厚厚的课桌上留下了一茬茬学生胡乱雕刻的印迹，保留了学生穿过的几十年不变的校服，学生重回母校，最想看到的就是这些承载过他们的情感、留存在他们记忆深处的学校形象、自己的形象，重回母校，他们找的是自己，自己的过去，自己的情感，自己的记忆，自己的家园。

如果说校园是学生和老师共同创造的精神家园，那么记忆是唯一回归精神家园的路径,学校通过教师博物馆、学生博物馆、校史馆,通过老照片、老教具、老学具,开启了学生的记忆通道,让毕业多年的学生找到自己的精神家园。

(《今日教育》2016-5)

学校文化应该让学生走向阳光

一直以来,我对学校文化有一个基本的判断标准,一个学校的文化到底怎样,主要就是看这所学校的学生是否健康,是否阳光,是否快乐;主要是看这所学校教师的教育言语、教学行为是否正常,是否积极,是否充满人文气息。

为师者应该有初心,这个初心就是你当初为什么做教师,你认为做教师最重要的是什么,你以为教师应该追求什么。这个初心就是你从教的精神底子,不忘初心,方得始终。那么我的初心是什么,你的初心是什么,教师应该保持的初心是什么?我以为:学校教育应该让学生快乐成长。如果这一点成立的话,那么教师在教育教学中应该关注学生的心理感受,关注学生的情绪状态、精神状态。

不妨看一个现实故事。中国的校长曾经做过调查,分别询问英国学生和中国学生。

在学校,你什么时候最开心,什么时候不开心?

9岁的英国学生哈瑞说:"最开心的是学校里有很多活动日,最不开心的是不能到草地上玩的时候。"

中国的学生说:最开心的事情就是考试考100分的时候,最不开心的事情是考试不及格。

问英国学生:你们知道英国最近发生的大事吗?

英国学生的回答是:足球比赛、橄榄球比赛、游泳比赛、网球比赛,还有伦敦奥运会。

问中国学生：你们知道中国最近发生的大事吗？

中国学生的回答普遍是：要过年了，马上要期末考试了，诸如此类。

上述调查，让我们不得不思考，中英学生的快乐差别在哪里？英国学生的快乐在于各种各样的运动，在于丰富多彩的活动，英国学生感兴趣、关注的也是各种类型的运动比赛。中国学生开心与否与考试结果好坏有巨大的关系，学生关注的也是重要的考试。表面看来这两种快乐没有对错之分，但是仔细看看，还是有很多问题值得深究的。这个差别与学生的自然天性有什么关系，这个差别又是什么原因造成的，这个差别发展下去又会怎样，这些问题很值得追问。很显然，英国学生热爱运动、热爱活动，是孩子的自然天性使然，是人的本真属性，英国的教育遵循学生成长的心理规律，顺应孩子的天性，保持孩子的天性，让孩子阳光快乐地成长。发展下去，学生终身热爱运动，保持一种健康向上的积极精神状态。中国学生关注考试、关注考试结果，只以成绩优异而快乐，而不关注运动、活动，不以运动为乐，不以活动为乐，这是有违孩子自然天性的，说到底这是教育的结果，包括家庭教育和学校教育，不恰当地过分强化了分数的重要、考试的重要，导致学生天性丧失、扭曲，发展下去，或者成为读死书、死读书的人，或者精神压抑、人格分裂、人格异化甚至轻生。

这到底是怎么造成的？不少教师都认为自己始终都是为了学生好，并没有刻意戕害学生，怎么不知不觉地会产生与初心相悖的结果。

我们还是以细节为例。校园里的宣传几乎无处不在，教室里的励志口号也几乎无班不有。

故事之一：

一个高中毕业班的教室，每个课桌上都堆满了教科书和辅导材料，夜深人静，一位学生正在伏案苦读。黑板上方有一条触目惊心的标语，引用了女作家萧红的一句话："生时何必久睡，死后自会长眠。"

看着这令人窒息的画面,我不知道身处此境的学生看了会怎么想,是猛然惊醒决然努力奋发,还是从心底里感到彻骨的寒冷?以我30多年的教育教学经验判断:更多的是后者。这让我想起《人民日报》曾经刊登过一些学校的励志口号:"只要学不死,就往死里学。""考过高富帅,战胜官二代。""提高一分,干掉千人。"这些口号几乎如出一辙。"只要学不死,就往死里学。"学习的意义是什么?如果是使自己走上绝路,那这样的学习是反人类的学习、反生命的学习,不但没有丝毫的积极意义,反而是扼杀人类精神和生命的刽子手。"考过高富帅,战胜官二代。"利用当下社会普遍存在的仇官仇富心态来刺激学生,这样的做法是很不道德的,直接在这些学生的心里埋下仇恨的种子,加速社会的撕裂,影响国家的稳定。"提高一分,干掉千人。"我提高一分,上线了,其他人少了一分,就落榜了,相当于我干掉了几千人。这句话直接传导出这样的人生哲学:他人即地狱。这不是德育,这恰恰是反德育的做法,这样做的教师就把以前团结友爱的一切教育全部葬送,学生从此之后失去人性,将逐步养成狼性。为什么当下人的道德素养在加速度堕落,这样的教育者难辞其咎。为什么今天社会的整体道德素养加速度堕落,人与人之间充满尔虞我诈,人与人之间甚至变成你死我活,这样的学校教育也难辞其咎!

我猜想创造这些口号并高悬于学校教室的教师,当时这样做的出发点一定是为了激励学生努力刻苦学习,争取更高的分数通过高考的检验,是所谓"头悬梁锥刺股"的传统文化的现代演变。但是这个初衷不但无法实现,而且其负面效应将直接导致学生对高考、社会、人生心灰意冷,从此不再积极。

如今我们有不少学校病了,而且病得不轻。学校到底还是不是学校,真的成了一个问题。是学校,就应该把学生往珍爱生命的道路上引,怎么把学生往戕害自己的死亡道路上引?是学校,就应该把学生往健康阳光的道路上引,怎么把学生往恶性竞争的坏道上引?是学校,就应该让学校充满人文关怀,怎么成了人间地狱?这到底是培养人的学校,还是培养狼性文化的学校?异化的学校将导致异化的教育,异化的教育将造就异化的学生。

故事之二:

广西柳州三江侗族自治县的丹洲镇一所小学，校园里大字书写着："我快乐，我成长。"教室的墙上高挂的标语是："学海无涯乐作舟。"一个班的班级口号是："在快乐中成长，在耕耘中收获。"一个班作业展示栏的名称是："开开心心，认认真真。"一个班的班级公约是："懂得用嘴角微笑，知道用小手帮忙，学会用耳朵倾听，体会用心灵理解。"

校园里大字书写的"我快乐，我成长"，代表着学校以校长为首的学校管理团队正确的价值取向，他们以孩子们的精神愉悦作为追求目标。班级里的口号"乐作舟""快乐中成长""开开心心"表明这所学校的教师理解、领会、认同并执行学校的办学思想，值得称道的是他们并不是简单的一个"乐"字了结，而是把它与学生的学习并列在一起，"开开心心"与"认认真真"并列，"快乐"与"耕耘"并列，既要刻苦学习文化知识，又要保持精神愉悦。这样的标语口号是正常的教育思想体现，是充满正能量的励志口号，是正常学校的基本标志，这说明这所小学的校长、教师的价值思想是正确的，他们的思维是正常的，不忘初心，不忘教育者应有的人文情怀。

从某种意义上说，学校文化就是给学生创建一个精神空间，优秀的学校文化引领学生走向阳光、走向快乐。

（《今日教育》2016-4）

学校的理念在哪里

国家第八次课程改革以来，加大了对校长队伍、教师队伍的培训，一系列的校长培训、教师培训轰轰烈烈。在这个过程中，许多校长突然明白了，理念最重要，办学理念决定成败，课程改革首先是理念的更新。时至今日，绝大多数校长都会侃侃而谈许多时尚而正确的办学理念，很多教师也会流利地谈论很多流行而先进的教育理念，这其中不乏有结合自己学校的文化传统，提出适合的、先进的办学理念，但也有不少学校纯属照抄照搬，唯大学教授马首是瞻，唯名家经验是学，不考虑是否符合自己学校实际，不考虑自身学校文化特质。有的校长甚至连理念的基本内涵都没有弄清楚，自作聪明，演绎开来，为己所用，笑话自然产生。

某省会城市一所小学，新校长从某名校"主动发展教育"中深受启发，将"主动"作为办学理念，称之为"主动教育"，解释为："让学生主动接受教育"，细化为"每天让学生主动接受管理者的管理，每天让每个学生主动接受任课老师的课堂教学，让每个学生主动接受班主任的教育"。

这个案例就是典型的笑话，校长连"主动教育"的含义都不清楚，就照搬过来，横加演绎，活生生把主动教育变成"被动教育"，南辕北辙，完全与理念背道而驰。

当然，像这样完全颠倒内涵的笑话毕竟是少数，现实中我们更多地看到校长们所说的办学理念是先进的,他们对理念的内涵理解也是正确的,但这些正确而先进的理念常常在校长的经验介绍中出现,常常在教师的论文中出现,这固然有令人欣喜之处,但也有可忧之处,因为先进的理念更重要的是出现在现实之中,出现在校园里,出现在校长、教师的具体行为之中,否则只是出现在大会的经验介绍中,只是表现在教研论文里,就有作秀的嫌疑,甚而至于说的是冠冕堂皇话语,做的是完全背弃先进理念的行为,可谓挂羊头卖狗肉。

  河北某县公办的一所实验小学办学条件是县城最好的,该小学2005年6月20日公布的招生简章明确规定:"招生对象为县城内党政机关、事业单位在编干部职工子女。报名时必须出示父母一方的编制证原件及复印件、所在单位有局长核实签字的证明书。不符合条件者一律不予接受。"

  看了这个招生简章,我的第一反应就是:这是一所衙内学校。这所学校的校长一定也会说许多先进的办学理念,但就是完全没有把先进的教育理念装进自己的脑袋里,没有真正装进自己的心里。在校长的头脑里,所谓办学理念就是口号,就是标签,就是口红,随便呼喊,随意标注,随时涂抹,仅此而已。校长的实际行动是其真实思想的最好诠释,学校的招生简章彻底揭示这所学校真实存在的办学理念。请注意这是当地一所条件最好的学校,按理说这所学校的校长应该是有知识的,这所学校之所以敢这么明目张胆地公布招生简章,肯定是当地教育局长同意的,局长至少应该是大学毕业生,为什么有知识的人会做出这种没有文化的事情?这则招生简章透露出我们一些教育工作者连起码的平等的观念都没有,他们心里只装有少数人,装了有权的人,装了有钱的人,唯独没有装老百姓。社会发展到今天,我们有些局长、有些校长还生活在封建社会!

  理念不是空洞的话语,理念不是抽象的概念,学校办学理念应该真真切切地体现在校长的行为当中,体现在学校的各级管理人员的行为当中,体现在教师的行为中。

学校新教学楼的垃圾道堵了,总务处在道口旁贴了个封条——"禁止倾倒"。在此后的两个月里,学生扫除后都要穿过操场,将垃圾倒在老楼的垃圾道里。校长手术后上班了,他发现封条后便抄起铁棍通垃圾道。一位看到的教师告诉他:"总务处已贴了告示。"校长说:"你家的下水道堵了,是不是也贴上封条不用了?"教师无言以对。"要把学校也当成自己的日子一样过啊!"校长的这句话深深印在这位教师的心上。后来她也当了校长,时时处处记着要"以校为家"。

现在几乎所有的学校都有以人为本的理念,所有的主任、教师都会说以学生为本的思想,但是真的做到了吗?真的做好了吗?我们不能像上述总务处主任那样随便贴个封条就算完事,因为贴个封条并没有解决问题,而应该像故事中的这位校长那样操起铁棍动起手来实实在在地解决问题。我们真的不缺口号,缺的是实实在在的行动。一个简单的事情面前,就可以看出何谓真正的以学生发展为本。

行动从小事做起,从细节做起,凡是有利于学生成长的事,不论再小,也是大事;即使是细枝末节,也会温暖学生的心田。

厦门大学的"住"

厦门大学嘉庚学院的新生最近在网上注册时发现,他们不仅可以选择"4人间(1 300元/年/人)"或"2人间(2 500元/年/人)"的宿舍类型,还可以选择"早睡(23:00前)"或"晚睡(23:00后)"的作息习惯。令一些网友惊呼"被其人性化瞬间秒杀"。

华东师大的"吃"

2013年6月16日傍晚,网上发出一条微博:华东师范大学一名女生因减肥,5月饭卡餐饮消费较少,收到校方一条关怀备至的短信:"同学你好,发现你上个月餐饮消费较少。不知是否有经济困难?如有困难,可电话、短信和邮件我(附电话号码、邮箱地址)。如无困难,也请回复一下,以便下月不再重复问询……"网友盛赞说,这个超有爱,超人性化。并且说,华东师范大学能这样做,证明这是一所真正的好大学。华东师范大学相关部门解释,信息来自困难生预警系统,学校及时通过饭卡消费了解学生经济状况。真正关心学生尤其是困难学生的大学,才是有文化的大学。

学校的重要职责之一,就是对学生的生命关照,生命关照不是体现在口头上,不是体现在墙上的告示上,而是实实在在地体现在对学生生活细节的关心上,厦门大学只是做了一个小小的归类——合并同类项,早睡的学生安排在一间屋子,晚睡的学生安排在一间屋子,让学生各得其所,尊重就体现在让学生依据习惯、喜好去选择。华东师大困难学生预警系统的设立,给学生发出的短信,得体,得心,体现了对学生真真切切的关怀,让学生感受到学校的温暖,这就是学校对学生的生命关照,这就是学校理念的真实写照。

(《今日教育》2016-2)

战略定位与特色办学

哈佛出石头，我出布

哈佛是全世界最有名望的私立大学，各方面几乎都走在世界大学的前面，各种大学排行榜，它基本上都是高居榜首，唯独盈利状况却远远落后于美国私立大学——凤凰城大学。凤凰城大学（以下简称"凤大"）约有38万名学生，是全美最大的大学。在全球绝大多数私立大学都亏损的状况下，凤大每年的收入却高达13.5亿美元，盈利也达到了2.8亿美元。

凤大怎么盈利？它是如何轻易打败哈佛、麻省理工以及斯坦福等大学？答案是它不按常规出牌。哈佛大学招的多是18~22岁的学生，他们都是靠父母的支持来求学，付不起太贵的学费。凤大的学生平均年龄为35岁，平均年收入为7万美元，且65%的人能从雇主公司报销一大半学费，因此它敢收高学费。哈佛聘有众多全职教师和终身教授，学历高、水平高，薪酬也很高。凤大近1万名教职工中，只有约270人是专职，其他全部是兼职，不需要给他们买保险，不需要高额的专职聘用费。哈佛建有昂贵的校舍、体育馆、活动中心、图书馆、实验室，并且年年维护更新，费用开支相当大。凤大则没有自己的校园，也没有体育馆、活动中心和图书馆，它靠租赁很便宜的办公室作为教室。哈佛只有少数分校，都是实体学校，学生需要专门赶到波士顿剑桥城上课，凤大则有110个分校，分布在全美21个州，它还有网校。所有网校学生注册报名、缴纳学费、购买资料、完成作业、参加考试等均在网上自助完成,学校无需任何现场的物力、人力付出。

有人问凤大创建者、当今美国教育界首富约翰·斯波林,你是怎么想出这些招数的?斯波林回答:"记得小时我们玩的石头、剪子、布吗?在这个游戏里,最能稳操胜券的出法是什么?不是看你出什么,而是看你竞争的对手出什么!最佳的定位战略就是成为其对立面,当哈佛、麻省理工等都出石头了,我们就出布,而不是石头,更不能是剪刀。"

这个故事说明什么?学校的战略定位固然重要,但如何定位更重要。我们都在讲办特色学校,但对如何办出有特色的学校缺乏有效的思路,凤大的创建者给出了很好的思路,"哈佛出石头,我出布"就是错位竞争。目标定位错位,哈佛是职前教育,我就是职后教育;招生对象错位,哈佛招20岁左右无收入者,我就招收35岁左右在职有收入的人;教师错位,哈佛用的是全职教师,我就用兼职教师;校舍错位,哈佛用的是独立校舍,我就用租用校舍;校体错位,哈佛用的都是实体学校,我就用很多网校。应该注意到的是哈佛代表的不仅仅是一所大学,几乎代表了绝大多数大学的模板,凤大这一系列的错位竞争不但使自己生存下来,而且赢得了大量的收入,使自己的发展走上了独特的路径。如果是平行竞争,凤大永远竞争不过哈佛,也竞争不过与哈佛类似的许多大学。

人 有 我 无

大凡说起特色学校建设,人们总是想到人无我有、人有我优、人少我多、人弱我强,其思维方式就是"人无我有",其实换一种思维方式也可以创建特色,即"人有我无"也能造就特色学校。

纽约国际银行开张时发布一则广告就很有特色。一天晚上,全纽约的广播电视突然同一时刻向听众播放一则通告:"听众朋友、观众朋友,从现在开始播放的是由本市国际银行向您提供的沉默时间。"紧接着整个纽约市的电台、电视台同时中断10秒钟,不播放任何节目。第二天这则广告成了整个城市最热门的话题,家喻户晓。

这则广告可以说是效益最大的广告,投入最少,没有请好莱坞大牌明星,没有请MBA大牌明星,几乎没有投入任何制作费用,却获得了最好的效果,纽约国际银行因此广为人知。教育界也是这样,学校在创建特色的过程中,有时候朴实无华也是特色。成都武侯实验学校的李镇西校长就曾说过:办一所没有特色的学校。就是基于当下不少学校为特色而特色,做了许多骗人骗己的花架子,形式主义盛行,严重影响学校正常教学。李镇西反其道而行之,反而成就了他的特色,究其思维方式,就是"人有我无"的思维方式。语文教学界有很多名师都有自己的教学模式,有人问全国最著名的语文特级教师于漪老师:"您的教学模式是什么模式?"于漪老师回答:"我没有教学模式。"当大多数人都在创立一种所谓的教学模式时,于老师却说自己是没有模式的。教学是科学,所以有规范,有规范就可以有模式;教学是艺术,所以有变化,有变化就没有刻板的模式。于老师的没有模式恰恰说到了教学艺术的本质特征。其思维方式也是"人有我无"。

世界级战略大师迈克·波特曾说:"一个企业如果要生存、发展,只能选择两种战略——一个是成本领先战略,一个是差异化战略。"学校能否在社会对多样化人才的需求中客观准确地差异化定位,这是关键。学校培养目标的定位、人才模式的定位要充分考虑所在地区的经济、文化方面发展对各类人才的要求,充分考虑市场的需求,充分考虑家长学生的需求,充分考虑学校自身的客观基础、客观条件,独特的资源,潜在的能力,有所为有所不为,这样学校才能健康发展。

(《今日教育》2016-1)

学校教育者的视角

学校教育工作者的一切教育行为和管理行为的出发点都是为了学生的健康成长,这一点是毫无异议的,但在具体工作的过程中,我们常常会把我们的出发点丢在脑后,会把我们最终的服务对象弃之不顾,一不小心我们常常自说自话甚至天马行空,想当然地做我们爱做的事情,远离了我们的学生。

十 大 童 书

2016年1月9日,经过3个多月的评选、2万多名学生投票,由深圳少年儿童图书馆举办的"我最喜爱的童书"评选结果揭晓。不同于其他童书榜单,这是国内首个完全由孩子做主票选的童书排行榜。主办方邀请业界权威专家精选出100本候选书目,深圳少年儿童图书馆为市内各学校送去了1万多册候选童书,共计2万多名学生参与了最终投票,从中选出他们最喜爱的童书。

专家票选的2015年度"十大童书"是:《迟到的理由》《独一无二的伊凡》《手绘世界地图·儿童百科绘本——地图》《周末图书馆》《妈妈向前跑》《克拉拉的箱子》《我想长成一棵葱》《帕瓦娜的守候》《微生物:看不见的魔术师》《黑暗》。

学生票选的"2015我最喜爱的童书":《黑暗》《那一天,我失去了超能力》《没毛鸡》《翻开这本小小的书》《为爱朗读》《跑跑镇》《书,是什么东西?》《咔嗒,咔嗒,哞》《妈妈,为什么?》《一条聪明的鱼》。

有意思的是,本次学生投票最终榜单与专家票选童书榜差异颇为明显,在前10名榜单中只有一本《黑暗》重合。客观地说,专家的评选与学生的票选结果不一致是完全正常的,成人的视角和学生的视角当然会有差异,主办方十分聪明地兼顾了专家观点和学生主张,先让专家以成人的眼光推出书目,再让学生根据自己的兴趣爱好评选,给学生提供一个平台,让他们大胆表达自己的阅读主张。一本好的童书,既要符合社会意义,经得起时间检验;又要满足学生兴趣,尊重他们的阅读感受。

学校年度十件大事

安徽马鞍山二中是安徽省最好的高中之一,2012年元旦,学校发布了2011年马鞍山二中十件大事,分别是:

1. 荣获"全国文明单位"光荣称号。
2. 荣获"全国消防安全教育示范学校"光荣称号。
3. 荣获"全国中小学德育工作优秀案例单位"光荣称号。
4. 办学质量继续提升,高考各项指标再创历史新高,学科竞赛成绩稳居全省第一,巫与天同学获得第42届国际物理奥林匹克竞赛银牌。
5. 获得2012年北京大学"中学校长实名推荐制"推荐资质,获得2012年清华大学"新百年领军计划"推荐资质,获得2012年复旦大学"望道计划"推荐资质。
6. 获得第21届全国中学生生物奥林匹克竞赛承办权。
7. 成功举办全国新学校研究年会、安徽省"六校研究会"年会等大型会议。
8. 成立学生事务中心,实现学生事务一站式办理服务;竞选产生马鞍山二中首届学生校长助理两名。

9. 建成教师书屋,成立教师奖励基金,首批募集资金134万元,启动"最受学生欢迎十大教师"评选活动。

10. 汪正贵校长赴美参加第二轮中美人文交流高层磋商会。

实事求是地说,马鞍山二中校方评出的十件大事,大多数都是很不容易获得的,比如"全国文明单位"荣誉称号,这是对学校全面、整体、综合性发展的最高评价,堪称大事;再如:一所高中同时获得北京大学、清华大学、复旦大学三所一流高校的推荐资质,这也是十分难得的,即使只有其中一所大学的推荐资质,也很不容易了,这说明学校办学质量相当高,堪称大事。

受校方的启发,不久学生会在全校学生中评选"我心目中的2011学校十件大事",评选结果由学生会公开发布,学生心目中的十件大事分别是:

1. 每周五成为自由着装日。

2. 学校获得第21届全国中学生生物奥林匹克竞赛承办权。

3. 学校获得2012年北大"中学校长实名推荐制"推荐资质,获得2012年清华大学"新百年领军计划"推荐资质,获得2012年复旦大学"望道计划"推荐资质。

4. 在高一年级和高二年级推行无人监考。

5. 课程调整,取消早读课,每节课调整为40分钟,每天9节课。

6. 举办2012年元旦大型文艺汇演。

7. 举办校园心理剧创作、表演比赛。

8. 举办首届学生校长助理竞选活动并产生两名学生校长助理。

9. 开展119消防演习并荣获"全国消防安全教育示范学校"光荣称号。

10. 举办2011年秋季运动会。

两种不同版本的十件大事公布之后,引起了较大的反响,引起了学校包括校长在内有关人士积极而有益的思考。

校方发布的十件大事,代表的是学校官方的价值取向,主要是站在管理者的角度总结去年一年的大事。学生会征集的学生心目中的十件大事,代表的是学生的价值取向,他们心中喜欢什么就是什么,两相比较,发现视角差异很大,只有接近40%内容基本吻合。学生关注的是与他们相关度大的事情,比如无人监考,学生的心理自尊得到了满足;又如元旦文艺汇演,让他们开心;再如校园心理剧的创作和比赛、秋季运动会,可展现他们才华;这些都给他们留下了深刻的印象。学生认为的大事,比如每周五成为自由着装日,我们教育者、管理者也许觉得是小事,但何以学生把它摆在第一位?究其原因,我想至少说明学生希望着装自主的青春意识非常强烈;教育者、管理者认为应该大书特书的事,比如校长到美国访问,学生并不在意,因为这几乎与学生毫无关系。

最有意思的是关于消防安全,校方只关心结果——学校荣获"全国消防安全教育示范学校"光荣称号,而学生评出的是——开展119消防演习并荣获"全国消防安全教育示范学校"光荣称号,过程和结果一样关心,过程比结果更重要,只关心结果过于功利了,过程更重要,学生的体验收获更重要,不能不说在这一点上学生比校方的取向更完整、更正确。当然我们不能说学生的视角都是对的,校方的视角都是错的,我们也不能说学校工作都要采用学生的视角,但是我想说学校能不能更多地关注学生的视角,毕竟学校的工作是为学生成长服务的,我们也是为学生服务的。

视角就是立场,站在什么角度看问题,站在什么立场看问题,常常决定了产生什么样的观点,得出什么样的结论,从而决定了我们教育行为的价值和意义。

(《今日教育》2016-3)

学校以德为先、以诚为信

两年前,中国互联网老大马云有点烦,国家工商总局网络商品交易监管司发布措词严厉的报告:阿里巴巴集团未能采取足够有力的措施来避免其网站出售假货。点名批评淘宝假货率达 60%。美国时间 2015 年 1 月 29 日,阿里巴巴股价大跌 8.78%,市值一天蒸发 215 亿美元(约合人民币 1 343 亿元),马云中国首富的位置也拱手相让,一些购买了阿里巴巴股票的投资者试图联名投诉阿里巴巴隐瞒售假历史,严重误导投资者。(详见《环球时报》2015－1－31《淘宝吵架风波戛然而止》)。应该说这并不能完全怪罪阿里,但网店售卖假货几乎是与生俱来的原罪,推而广之,中国的小商品大都是从售卖假货开始起家的,以至于到现在还没有摆脱靠卖假货得以维持的命运。制假售假成了一个毒瘤,割之不去,贻害至今。"德国之声"发表评论称:阿里巴巴必须与"肮脏形象"斗争,没有什么比客户信赖更重要。

如果说今天有些企业有原罪,那么我们学校是否也有失德、失真、失信的地方?如果学校有失德、失真、失信的地方,那么学校是否必须与"肮脏现象"做斗争?学校是否应该坚持没有什么比诚实更重要,没有什么比用户——学生、家长、社会信赖更重要这样一个基本的办学理念?

一般而言,学校办学初衷都是好的,但是一不留神就会背离初衷,于是失德、失真、失信就会产生。我以为,中国学校的失德很大一部分是应试教育造成的,是因为校际之间的恶性竞争造成的。有不少学校就是靠应试教育起家的,以作假、侵犯学生的权益等不正当的手段赢得高分、高升学率,从而获得家长的认可。学校所使用的各种手段不胜枚举。一是抢夺生源。不惜把有限的教育经费去买高分学生,动辄花十万、几十万或更多的经费购买已经考上清华、北大等一流大学的学生,动员他们放弃就学,重读一年,再考一次,代表本校增光添彩。更多的是用不正当的手段把原本不属于自己学校的优秀学生抢到自己学校。这是一种作假。二是抢夺师资。不惜以解决大城市户口、高薪、孩子入名校、住房分配等优惠条件挖外地或他校的优秀教师,只要自己学校办好了,不管其他学校是否生存。有些学校高价招聘了十几个甚至几十个特级教师,全然不管不顾别的学校因此受到怎样的打击,甚至还以此沾沾自喜,作为成绩到处炫耀。三是管理异化。所谓军事化办学、军事化管理,把学生当士兵管理,校园处处有监控,学生时时被监控,整个学校如同监狱,学生越雷池一步即刻被发现,轻则处分,重则开除,新华社就曾报道某地某校一位高三学生因为在教学楼内吹泡泡,被处以开除学籍、停止转出学籍关系的处分。四是不惜以摧残学生生命为代价,天天补课,周周考试,月月排队,只要学不死,就往死里学,严重摧残学生的精神状态。五是弄虚作假,想方设法动员差生放弃考试,或者将学籍转入他校,以此去掉最低分,抬高平均分,减少分母,提高升学率。六是不惜编造假数据恶意攻击竞争对手,欺骗社会,欺骗家长。六是校长、教师发表弄虚作假的论文,出版似是而非的著作,或雇用枪手代写论文,或"剪刀加浆糊"地拼凑著作,或贿赂、变相贿赂相关课题发布机构的管理人员,想方设法抢夺市级课题、省级课题、教育部课题,为自己脸上贴金,骗取相关的社会影响,骗取相关的课题经费。这些做法在有些地方、有些学校并不少见,完全与教育的原初意义相悖。

奇怪的是,当教育界人士作为局外人评说别人的时候,很容易分辨对错,很容易臧否是非;一旦自己成为局内人,往往就会为利益所惑,迷失价值,作出错误的抉择而心安理得。今天的学校毫无疑问或多或少会遇到类似这样的问题,当遇到关系到学校升学成绩、学校形象的时候,我们的校长、教师常常就会迷失方向,特别是在与老对手竞争的时候,我们就会不择手段,只是为了赢过对方。殊不知这样做触犯了学校应有的道德底线。这等于是反向教育学生,教师天天给学生做道德教育,但是我们自己带头做不诚实、不道德的事情,学生就会把学校所有的正面教育全部推翻,学生在不道德的路上会走得更远。

这样做在教师团队中营造了不诚信的负面学校文化,弄虚作假破坏学校形象。如果我们不制止,学校的社会形象就迅速恶化,好不容易建立起来的好学校的形象也会毁于一旦。学校以德为先、以诚为信,校长、教师都须以小心谨慎、如履薄冰的心态来办学校,一个人也好,一个组织也好,竞争到最后,靠的是人品和实力,没有良好的品德就不可能让人信服,不可能走得更远。中国教育要走出弄虚作假、恶性竞争的怪圈,去掉失真、失德、失信的现象,我们每个校长、教师都应该从自己做起。

(《上海教育》2017-4A)

学校教育不能走极端

如今,似乎社会各界都在关心教育,但是有些人常常持一种极端观点,且体现为一种强迫症,非要别人认同并参照他的意见执行方肯罢休。很多基层学校常常遇到这样的问题,社会上的一些强势人物,基于一种完美化的教育构想,喜欢设定一个完美的学校教育图景来批判现实的学校,认为自己的主张可以提供教育的出路和解决学校的问题,甚至认为自己的主张是引领学校走向光明的唯一途径。对学校的一些现象,发表自己的见解,这本没有什么不可,即使极端一点,只要停留在学术争论上,也未尝不可。但现实常常不是这样的,他们并不是仅仅停留在发表观点博得眼球而已,他们以自己坚定的立场,富有修辞感和戏剧性的语言效果,在美化自己构想的同时,以偏激的话语批判现实学校,在博得粉丝喝彩的同时,进一步要求学校都要听从他、顺从他,遵照他的意见办,他们常常以真理的化身自居,抓住一点,不及其余,把问题推向极端,形成一种强大的舆论压力,迫使别人就范。更有甚者,看到别人不肯轻易就范,则发动"群众"——不明真相的家长、社区人员,拉横幅,静坐,胡闹一气,直接影响学校的教育教学。

教育界内部也是这样,也有意见专家,喜欢发表自己的极端观点,且一定要顺我者昌,逆我者亡。顺我者昌,就是一种正向极端式吹捧,常有教育界的所谓名流,通过把控的媒体和其他途径树立一个典型,冠以什么名号,确立什么流派,并昭告天下,无限炒作,甚至宣扬只有他树立的这个典型才是教育的正宗,恨不得捧到天上去,其他学校都是他排斥的对象;逆我者亡,凡不是自己阵营里的,与自己主张不一致的,自己看不上的,一律痛加贬斥,千方百计打倒人家。

　　这就有问题了,我们应该尊重和顾及常识和经验,不能仅凭自己的"完美图景"来解决教育问题。来自社会各界的人士、教育界的专家由于生活处境不同,他们所处的位置与一线的校长、教师不同,一方面你的观点人家可以问问到底是什么,好不好,该不该,有多大的合理性,即使有些合理的因素,但是否可行,是否具有可操作性;即使有一定的可操作性,人家还要问问,在什么情况下可操作,需要具备什么样的办学条件,什么样的教师水准,什么样的学生情况。即使符合条件,也要尊重当事人的意愿,这个学校的校长、老师也许有别的想法、别的路径,也是正确的,他们有自己的发展规划、自己的发展目标、自己的课程改革理路,未必一定要按你的意见办。学校校长、教师对关乎学校、学生的发展利弊得失,也有自己基于常识的现实考量、教育常识,就是来自人的教育生活经验而形成的、对教育普世价值的认识和表达。

　　教育不要绝对主义,不要走极端,学校教育关系到千家万户,关系到千千万万个孩子,教育走极端的最大错误就在于片面性,不是全面地、系统地看问题,而是把局部看作整体,把偶然看成必然,把一次看成全部,非此即彼,非对即错,非黑即白,并进而推向极端,这不是实事求是的做法。比如一说素质教育,就把复习迎考痛贬为应试教育;一说建构主义,就把传授式教育通通看成填鸭式教育;一说能力重要,就把知识传授说得一无是处;一看到做题目,就是题海泛滥,戕害人性;凡此种种,不胜枚举。殊不知,只要有考试就会有复习迎考,素质教育并不能免除复习迎考,所谓应试教育是把复习训练极端化;要培养学生能力,学习知识也是不可或缺的一环;教学方式既要有探究式,也要有训练式,还要有传授式,三种方式各有各的作用,不可简单偏废;翻转课堂并不一定适合所有的学生,教师精当的教学指导还是必要的;数理化学习离不开做题,当然也离不开做实验,但简单地排斥做题、做实验显然也是不对的。

　　教育领域里采取极端做法,是对学生极不负责任的行为,因为生命对每个学生来讲都是一次性的,不能重来一遍,走极端所造成的损失是不可挽救的。

况且少数人的极端,并不代表大多数人的意愿,多数人是不太发声的,那些强势发声的人,由于声音响亮,让人误以为是大众的声音,无形之中绑架了大多数人。应该说大多数人是理性的、平和的,他们自有见解和主张,只是声音较小,很少引起别人的关注而已,这些温和的大多数不知不觉地被边缘化了,这应该引起我们的注意。无论观点多么深奥,批评多么深刻,都不能违背常识,不能绝对化,观点一旦绝对化,必然违背常识,伤害师生,成为反教育反生活的谬误,就必然损害学生的成长、学校的发展。

(《上海教育》2017-5A)

请尊重孩子的视角

有位教育报刊社的社长,曾经讲过孩子的一次作文经历。按照语文老师的要求,孩子写了一篇《昆玉河之冬》,描写了冬天的凄凉景色。但老师认为不达标,因为"结尾没有昂扬起来",后来修改成"看见了小草根部的绿色",并"充满了生机与希望",于是就达标了。我们不妨先看看达标前后的两篇文章。

昆玉河之冬(不达标作品)

来到河边,首先映入眼帘的就是河边的一排树了。秃秃的树枝上稀稀疏疏地竟还挂着几片叶子。冬日的叶子变得干枯而易碎。冬风对于那些仍然顽固地长在树上的叶子,仍是不灰心,它用它的大手将每片叶子都一块一块地撕下来,所以现在树上的叶子已是残破而不完整的了。风从它们那残破的身边吹过,它们便发出一声类似呻吟的声音,像是在担心自己的未来。向前走去,昆玉河就在眼前了,平静的河面上泛起了倒影,于是,河面被切割得一块黑一块白的。一阵风吹过,河水仿佛感叹这凄凉的冬天般,皱起了一道道水纹,像是在皱眉叹气。忽然,几片残破的叶子被吹进了河里,它们像船儿一般漂浮着。但过了一会儿,这几只船倾斜了,水灌进去,它们一会儿就被水吞没了。

昆玉河之冬(达标作品)

来到学校后面的昆玉河边,最显眼的便是那大片大片的草地了。草地上铺满了被风吹落的干枯而易碎的叶片了,五彩的颜色已经褪下,取而代之的是一片一片的灰色。但就在人们为之叹气时,你不妨走近些,仔细瞧一瞧——在拨开各种灰色后,你会惊讶地发现,下面的小草根部竟已开始返青——这青色虽然只在根部,但的确不可小视了它们会青的巨大生机。站起身,向河边走几步,白色的栏杆便近在眼前了。抓住栏杆,倾身下往,河水碧绿,望不到底,似乎深不可测。但再仔细一看,河底那毛茸茸的水草又浮在了眼前。直起身子,正要离开,却又发现了另一处美景——河中映出的倒影。两岸的树木已经落了叶,弯弯曲曲,纵横交织的树枝暴露出来,映在水中,随波荡漾。不时有几阵水纹散去,那影子仿佛会动一般,随之散开。抬起头,几根垂下的树枝挡住了去路。定睛观察,不由得吃了一惊——在枝头竟然已绽出了几株毛茸茸的小芽,它们正在由红转青的过程中——根部红彤彤的,但尖已经绿了。惊喜地抬头,猛然发现其他树枝的枝头也已有了春天的气息。在深冬时节,这些微不足道的生命活力也是令人欣喜的。这时,一阵风吹过,地上的灰色叶片被卷起,吹进了河里。它们转了几个圈,就随着风,迎着水,向阳光灿烂的前方漂去……冬天表面是苍白无力的,但是只要用心去感受,便可找到它暗藏的、等待爆发的生机!

看过两篇作文,我们可以做一个对比,从篇幅上看,达标作文比不达标作文增加了许多内容;从文章所表现的内容来看,有明显的区别,不达标作文表现的是冬天的萧瑟、凄凉,达标作文表现的是冬天表面上是苍白无力的,但其实暗藏着春天的生机。不达标作文情感基调不是昂扬的,是不积极的;达标作文是昂扬的,是积极向上的。达标作文的变化是在教师的指导下产生的,是教师认真指导的结果。那么我们追问:教师教学是否有权利指导学生写作?毫无疑问教师当然是有权利指导学生写作的,而且教师的职责之一就是指导学生?如果我们再进一步追问:教师应该对学生做什么样的指导?或者换一种问话方式:什么样的指导是有意义的?什么样的指导是无意义的?什么样的指导是相反意义的？这也许就会有不同的答案,因为这很显然涉及教师的价值取向,涉及教师的职业认识和职业态度,涉及教师对师生关系的认识,涉及教师如何看待学生,如何看待教学活动。这里的核心问题就是学生观的问题,学生是主体的人,还是客体的人,是主动学习者,还是被动受教育者,学生的主体意识是否应该得到尊重。如果我们承认学生是有自己主体意识的学习者,那么教师就应该尊重学生的主体意识,因此在教学过程中我们所起的指导作用就不是横加干涉,就不是牵着学生走,就不是强行让学生按照自己的轨道走,而应该是顺着学生走,因势利导,顺势而为。

就以上述作文指导为例,那篇不达标作文,是学生自己的视角,它是完全写实的,他看到了什么,就写了什么,写的就是自然的状态,北方冬天的景色就是萧瑟的,就是凄凉的,我手写我见,没有什么错误之处。至于是否昂扬,没有关系,他看到了昂扬,就写昂扬;他没有看到昂扬,就不写昂扬,何错之有？作为教师可以指导学生所写的是否准确,表现的是否到位,是否还有修改的空间。但教师无权强行要求学生的作文一定要结尾昂扬起来。一定要学生作文结尾昂扬起来,就是强加于人,就是不尊重学生。学生有学生的想法,学生有学生的意识,只要不是侵犯他人的权益,大可不必横加指责。

再说,教师指导学生,应该是正确指导,如果是错误指导,结果只能适得其反。还以上述案例来说,学生原来的作文表现真实,精细刻画了冬天的景色。教师的指导却是一种套路化的指导,非要表现一个昂扬的主题,这完全是公式化、套路化的写作,本身就非常荒诞,这样的写作就是反写作的,是错误的写作观念。很多语文老师就是按照这样一种写作理念教育、指导学生,长此以往,学生习得的只是一些写作套路、一些写作公式,形成了许多框框,学生将只会在框框内思考问题,学生不再会观察生活,不再会自然地描写现实世界,不再会独立表现自己的主体意识、主体思想、主体情感,甚至不再有自己的独立意志、独立思想,这绝对是教育的悲剧。学生的世界是公式化的世界,不再是丰富多彩的世界。

法国思想家卢梭曾说:"大自然希望儿童在成人以前,就要像儿童的样子。

如果我们打乱了这个次序,就会造成一些果实早熟,它们长得既不丰满不甜美,而且很快就会腐烂。就是说,我们将造成一些年纪轻轻的博士和老态龙钟的儿童。"教师首要的是尊重学生,而不要给学生过多的限制,否则,我们就会培养出一些老态龙钟的儿童,人犹少,心先老。

(《今日教育》2017-6)

尊重学生的上课权

有首儿歌唱道：小嘛小儿郎，背着那书包上学堂，不怕太阳晒，也不怕那风雨狂……学生上学第一要紧事就是上课，但学校生活中常常有缺课现象，缺课的原因很多，有厌学逃课的，有因病、因事请假的，但也有因为学校行为、教师行为导致学生缺课的，这些都值得我们反思。

故事之一：

2013年1月5日，南京某女士一夜失眠，她九岁的儿子在南京一所小学上三年级，因为上级领导来学校视察工作，体育老师嫌他体型太胖，跑得不快，样子又不好看，体育老师心想：万一上级领导看到了，影响学校形象，于是不让这个孩子上操场上体育课，而让他自己在教室里自习，小孩子只好服从。班主任语文老师恰巧从教室走过，看见一个孩子单独在教室，了解情况之后，心想：万一领导从教室走过，发现这个现象，肯定影响不好。便让他到办公室站了一节课。

故事之二：

中班的幼儿正在老师的带领下参加户外活动，隔壁班的老师过来挑选一些小朋友参加公开课。老师对小朋友们说："谁想去上公开课啊？"有25个小朋友举起了手，可公开课只要从这个班挑选15个，老师就对小朋友们说:"摸到头的小朋友可以去参加公开课。"这样,这个班级里就有10个小朋友失去了参加公开课的资格和机会。而且,教师不是随机抽取幼儿,被摸到头的幼儿大多是老师认为乖巧、聪明、会配合老师的。

两个故事的共同点就是教师不让学生上课,理由不同,但问题是一致的,就是教师临时剥夺学生的上课权。

故事一的体育老师、班主任都是出于对学校形象负责任的心态,不让孩子上体育课,不让孩子在班级自习,但他们唯独没有想到孩子将会是一种什么样的心理感受。体育老师凭什么不让这个孩子上体育课?这个孩子不就是胖一点吗,不就是跑得慢一点吗,怎么能因此就剥夺了这个孩子上课的权利?班主任看到孩子一个人在教室里自习,第一反应不是让孩子归队,不是恢复孩子的上课权,而是怕影响学校形象,继续剥夺孩子的上课权,甚至是剥夺孩子在教室里自习的权利。两位老师好像都是出于所谓的公心,从维护学校形象出发,但唯独没有想到孩子的权益,没有想到这个孩子这节课的心理感受,没有想到因此将给这个孩子带来怎样的心理伤害,被老师排斥极易导致学生自卑。

故事二的现象还是比较普遍的,一些公开课常常有特定的人数限制,教师于是就要挑选学生,标准完全自己掌握,一般教师总喜欢挑选聪明机灵、上课发言积极、愿意无条件配合教师上课的学生,说到底其实就是教师喜欢谁就选谁。尤其是低幼年段被选上的学生当然比较开心,没有被选上的当然伤心,常常就导致学生觉得老师不喜欢自己,有一种被老师遗弃的感觉。这种心理我们有的老师是不知道的,或者知道也不当回事。也就是说在老师的心理天平上,公开课是表现自我的关键场合,只要能让自己上好公开课,其他的就不管不顾了,这样的价值取向非常有问题,说到底就是自己第一,学生第二。为了自己,不顾学生利益,甚至损害学生利益。教师必须始终保持把学生放在第一位,不能嘴里说的是一套"一切以学生发展为本""一切为了学生,为了学生的一切,为了一切学生"动听的口号,做的却是另外一套,尤其是当自己利益与学生利益相冲突的时候,我们就把学生利益摆在一边,而把自己利益作为唯一选项。教师是为学生成长服务的,如果师生之间利益冲突,毫无疑问应该学生利益第一;如果学生和学生之间利益冲突,教师必须在学生面前保持平衡,不应该有偏爱谁的心理,人人平等,否则一不小心就伤了孩子。总之,所有的课都是为学生成长服务的,公开课也不例外,但是很多老师常常就会忘了这个初衷,他们自以为是地认为公开课是为教师服务的,是为专家服务的,于是一切为了听课教师,为了专家,为了课本身,把学生弃置一旁了。这样的公开课缺乏教育教学的基本伦理规范。

第三种现象在大城市比较普遍:一些政府部门开展大型活动,常常把学生作为背景,作为道具使用。比如,一个大型的体育运动会,我们常常会把学生抓去当背景,一次次地训练翻转背景板,耽误了许多学生上课。又如,一些大型会议,人数不够,为了增加上座率,让上级领导满意,把学生拉去充数,耽误学生上课。再如一些外事接待,把学生抓去充当欢迎人群,耽误学生的学习。更可恶的是为了达成最佳效果,活动或会议主办方让学生彩排,一次不够,还要多次彩排。政府部门把学生当工具,学校领导不敢得罪上级领导,一切唯上,只要领导高兴,不惜牺牲学生的基本权益。我认为应该改一改这样的陋习,因为它侵犯了学生的权利,伤害了学生。运动会是否一定要有数量庞大的学生队伍去承担背景任务?观众即背景,谁愿意去欣赏运动比赛,谁就自然成为背景。成人开会,为什么一定要孩子充数装门面?如果是让学生实质性地参与会议,并表达自己的观点、立场,那这样的会学生可以参加,否则就不必参加。为什么接待外宾就一定要有欢迎的人群、欢迎的队伍?外事活动相关人到场即可,如果与学生有关联,那选择学生参加对话交流,这无可厚非,如果与学生毫无关系,为什么要调动学生,浪费学生宝贵的学习时间?

学生以学为主,上课是学生的基本权利,任何人不得以任何借口、理由剥夺或短时剥夺学生应有的权利。尤其是居高位者,必要做好表率,政府领导如果不把学生的权益当回事,那么大多数校长都只能听从上级要求,客观上服从上级,或主观上迎合上级,损害学生利益就成为必然。而校长无论是否有主观意愿伤害孩子,但客观上确实损害了孩子的利益,那就必然影响学校教师,也就是说校长在一个冠冕堂皇的理由之下如果可以随意停止学生上课,教师上行下效,必然也会因为种种貌似重要的理由停了学生的课,类似上述故事一二的现象就会不断产生,甚至是批量产生。

因此我认为,学生上课权神圣不可侵犯!

(《今日教育》2016 年 7-8 期合刊)

不要向中小学生乱摊派

某地传来这样的信息,要让中小学生参与反诈骗宣传活动。该活动由当地共青团牵头,召集当地政协委员开会,就"关于建立反诈骗科普志愿者 e 站的建议"进行研究讨论。他们的办法是由当地政法委牵头、公安分局做主推手在社区、学校及企业成立"反诈骗科普志愿者 e 站",需要从学校招募志愿者,招募那些喜欢或热衷反诈骗信息的中小学学生,组建"反诈骗"小天使科普志愿者服务队,进行系统培训。围绕"反诈骗"科普知识普及、"反诈骗"科普队伍优化、"反诈骗"科普服务拓展及"反诈骗"志愿者组织交流,在学校建立推广"地方公益小天使"反诈骗志愿者服务队,努力打造"反诈骗"志愿服务品牌,清污驱浊,构建健康社会氛围。并组织"十佳科普小天使"评选,通过开展"新闻发布会""启动仪式""反诈骗科普一日游""反诈骗科普知识大 PK"等主题活动,提升"反诈骗"科普志愿者的服务品牌形象,引领广大市民参与公益志愿服务。据说是向某个著名的海滨城市学习的,他们在这方面很有经验。

听到这样的消息,作为教育工作者,我十分忧虑。我们怎么能把这种反诈骗的特殊社会公共事务向中小学生摊派?搞得不好,不但没有正面意义,而且会带来恶劣的负面影响,直接侵犯了青少年的人生权利。

诈骗获财古已有之,只是当今社会越来越盛,且诈骗方式日益现代化,信用卡诈骗、短信诈骗、电话诈骗等各种电信诈骗方式不一而足,更有网络诈骗,诈骗之所以越来越多,是因为诈骗得逞率越来越高,导致骗子越来越多。之所以得逞率高,不外乎两种原因,一是人们原本就有的贪便宜心态在作祟,二是老年人电信技术、网络技术操作不在行,于是骗子充分利用,所以得逞。

社会发展过程中出了毛病,这很正常,找到病因,对症下药,方能药到病除,比如进一步提高网络安全技术,让骗子不能轻易得逞;让中老年人接受相关的教育,特别是让曾经上当受骗的人现身说法,以提高大家的警惕性;让公安干警加大惩治的力度,使得骗子不敢行骗,凡此总总,都是应该做的。

但我们的相关部门领导,忽然打起了中小学生的主意,要他们参与反诈骗的行动,保护青少年的意识太淡泊了,怎么能让学生去防止诈骗?诈骗很显然是犯法的行为,这个理应由公检法来解决,怎么能把孩子派到和罪犯做斗争的最前线?这样做至少是违背了《青少年保护法》的。

也许相关提案的提出者出发点是好的,说到底是希望借助学生的力量来做成年人的工作,来普及相关的知识,降低诈骗的得逞率,最终减少诈骗的现象,而且与社会其他人士相比,学生比较好领导。况且,从冠冕堂皇的理由来看,这好像也是让学生深入社会,了解社会,培养他们的公益心。但这样的思维显然太简单了,殊不知让中小学生承担这样的工作实际上已经超出了他们所能承担的范围,他们还在成长期,他们对社会的认识还停留在单纯的层面。

这样做的负面影响至少有以下三点:一是让这些孩子知道了如何进行电信诈骗、网络诈骗,知道了骗子是如何行骗的,正面的期望导向是避免受骗上当,但其同样存在着可能产生的负面导向,等于在教一些学生如何实施骗术,中学生大多 13～17 岁,人生观、世界观、价值观并不成熟,我们凭什么说孩子就一定能把握住自己呢?二是让孩子知道了如此多的诈骗现象,了解如此多的社会阴暗面,对 6～12 岁的小学生成长真的有利吗?难道不会过早地给孩子蒙上一层黑色的阴影?他们毕竟还太小啊!能不能给他们更多的阳光,而不要给他们更多的黑暗?诗人惠特曼说:"一个孩子向前走,他最初看到的是什么,他终将成为什么。"惠特曼的这句话虽然有点绝对化,但也是有一定道理的,至少说明应该给学生更多阳光的东西,而不是黑暗的东西。三是让学生走向社会做反诈骗的宣传,社会是由各种各样的人组成的,有愿意倾听并支持学生的"科普宣传",肯定也有不愿意倾听甚至本身就是诈骗犯的,谁来保证这些学生不受伤害？学生毕竟以学为主，无论如何不能让学生承担成年人的工作，更不能让学生承担公安人员的职能。

　　从这个意义上说，我们相关职能部门是不是欠考虑，是不是缺失基本的保护青少年的意识？让人更加不好接受的是有些学校的领导也缺乏这样的意识，有些学校领导居然会做不动脑筋的表态、无原则的支持。长期以来的习惯使他们总是认为：凡是领导说的就是对的，凡是上级要求做的就绝对服从，甚至积极申请成为试点学校，完全置学生的利益安全于不顾。这是值得我们警惕的，千万不要以"一切从娃娃抓起""小手牵大手"等种种借口向中小学生胡乱摊派。

（《上海教育》2017－09A）

说说处罚的使用

教育是有用的,但教育不是万能的;处罚是有用的,但处罚不是万能的。我们常常听到这些话,不能说没有道理,但面对现实,我们常常非常困惑,到底要不要处罚学生?如果不处罚学生,那么有什么方式可以替代处罚,能够起到同样的效果,甚至比处罚效果更好;如果处罚学生,那么如何处罚学生最有效?处罚学生的尺度如何把握好?请看下面的案例:

广东省某地级市一所学校小学部二年级学生小文(化名)在2012年3月9日的数学课上遭到了令她难以启齿的体罚。小文说,当时班主任让她收同学的作业。"我没有理解是上课收还是下课收,所以没动。于是,老师就让我站出来,举起双手,趴在课桌上。接着,老师就脱掉了我的裤子,让我在班上走一圈。"小文和她的几名同学告诉记者,本学期以来,班上至少有10名同学遭到同样的处罚。

这个案例中的处罚方式很显然伤及了学生,严重羞辱了学生,在孩子幼小的心灵里落下严重的创伤。就处罚的本意来看,因何处罚?因有过而处罚,因有错才处罚。为什么处罚?为了教育学生而处罚,为了警示、告诫学生而处罚。从这则案例的事实来看,小文同学因为不明白老师的指令,所以没有即时执行老师的指令,并没有任何过错,却遭受到老师所给予的极大羞辱。问题完全出在这个老师身上,老师首先错在指令不明确,未说清楚任务执行时间;其次错在滥用处罚,一件微不足道的小事,只需老师再次解释清楚即可,根本无须处罚,却加以处罚,即属滥用处罚;第三错在处罚严重过度,脱去学生裤子,在班上走一圈,属于心灵羞辱,很不道德,完全是流氓行为;第四错在不断地使用这种不道德的手段处罚学生。很显然,这个老师已经严重侵犯了孩子的权益。

处罚学生,一定要讲究科学规范,规范的处罚原本就是一种教育行为,教育行为就要有教育性,合乎教育的人文性,合乎教育的伦理性,讲道德,讲规范。

首先,要弄清楚学生违纪事实,还要搞清楚违纪的原因。上述案例中的教师没有搞清楚原因,把自己的过强加给学生,变成学生的错,正应了"教师生病,学生吃药"的老话。对有些违纪现象必要的时候可以采用听证的方式。北京市朝阳区教委规定,处罚学生须先听证,他们认为处罚不是目的,重在教育。为此,朝阳区各学校依法制定对学生的处罚制度,在小学高年级、初高中通过听证、集体讨论等方式引导学生明辨是非,从而激发各类学生成长的积极性和主动性。

其次,轻易不处罚。如果其他方式能够达到教育效果,尽量采用替代的方式。因为处罚虽然能够起到一定的震慑效果,但时间一长,次数一多,肯定无效或者低效,因为在对象相同的情况下,任何一种教育手段反复使用,它的效果逐渐递减,最后无效。

第三,选择适度的处罚方式。程度较轻的违纪现象,只能采用轻度处罚,比如,学生上课迟到、不专心听讲、不按时交作业、与学生发生口角,有的老师处以罚站、罚扫地、罚抄作业,这就等同于体罚或变相体罚。有的老师则改为"在班上唱一支歌,为学校做一件好事,向同学真诚地道一声歉"。这种处罚方式学生愿意接受,因为程度适中,比较轻松。对于打架、伤人之类违纪较严重的事件,则在弄清楚事实的前提下,可以采用力度比较大的处罚;如果严重伤害其他同学,加大处罚力度,必要时可以移送司法机关。一般情况下不使用力度较大的处罚,只有在严重违纪的情况下,方才使用,因为力度较大的处罚,对当事人既有教育惩戒作用,也有负面效应,比如或许会导致有些学生破罐子破摔,从此一蹶不振;或者导致有的学生心怀仇恨,久久不能释怀。程度轻重与当事人承受度有较大关系,因此处罚学生既有一定的定规,也要考虑因人而异,这里面比较复杂,不能简单化。一般不罚学生扫地,但对于不注意卫生的学生,在教室里乱扔垃圾,自己座位底下很脏,那就罚他打扫教室卫生,并且负责卫生角的整理。又如对于本来就有"强烈表演欲望"的学生犯错,就不能罚表演节目之类,而应采取别的处罚措施。

另外,所选择的处罚方式也要合乎规范,要有可操作性,比如某校校规规定:"学生故意损坏公物要罚款。"学校根本不具备罚款的资格,无法实现,因此不如改为"责令其照价赔偿"。

处罚虽然是教育的一种方式,但是不能代替其他的教育方式,不能认为学生一处罚就完事,处罚至少必须和谈话同时使用,让当事学生知晓为何处罚,错在哪里,这样处罚才可能产生效果。

(《上海教育》2017 - 11A)

何必都要龙头课题？

经过一年又一年的专家培训,今天的中小学校长们大都知道了学校要设立一个龙头课题,并以此覆盖学校的各项工作,围绕龙头课题,设立各项子课题,纲举目张,这样做以示校长有科研意识,以示学校有名校风范。

龙头课题顾名思义,就是在众多课题之中起主要作用的课题,它具有两个显著特性:一是统领性,即它主要起引领作用,起统帅作用,统领学校其他各项子课题;二是全局性,一般来说,龙头课题的设立是以学校整体发展为依托,试图全面带动学校整体工作。在一线办学实践中,有效地运用龙头课题推进学校课程改革,推进学校特色建设,确实也能起到一些积极作用。但是毋庸讳言,现在有些学校的龙头课题研究也出现一些机械套用的现象,值得我们关注。

有些学校从概念入手,选择时尚新概念作为学校龙头课题。流行愉快教育,我就以愉快教育为龙头课题;流行和谐教育,我就以和谐教育作为龙头课题;流行特长教育,我就以特长教育作为龙头课题;流行生命教育,我就以生命教育作为龙头课题。这种做法常常会导致生搬硬套,比如为了紧扣愉快教育这一龙头课题的题旨,就不顾一切地把学校所有的工作都包上愉快的外衣,教师的教育是愉快的,学生的学习是愉快的,后勤的服务是愉快的。再进一步展开包装,学生课堂学习是愉快的,学生的拓展学习是愉快的,学生的社团活动是愉快的,学生的社会实践是愉快的,举凡学校的一切,师生的一切皆是愉快的。这样的龙头课题只要看题目就可以知晓其一切内容,毫无意义。试问:

这可能吗？这现实吗？稍有学校生活常识的人都知道学校里的生活酸甜苦辣样样皆有，既有令人快乐的事情，也有令人烦恼甚至痛苦的事情；学校里的教育，既有愉快教育，也有不那么愉快的教育甚至痛苦的教育；如果我们的学校教育一味强调愉快教育，一味给予学生愉快的情感体验，很显然这是要出问题的，过于纯粹的愉快情感体验会把学生变得十分脆弱，经不起大的痛苦，经不起大的打击，所以我说这种课题纯属自说自话，自娱自乐，骗骗自己，同时骗骗别人。这种龙头课题研究的方法不是基于问题的研究，而是基于概念的研究，其实质是概念先行，任何课题研究都应该是基于问题的研究，而基于概念的研究，其思维方式是演绎思维，或者是从概念到概念，或者是用概念套现实，都从根本上忽视了教育实践的意义，背离了学校教育研究的初衷。其目标指向不是解决学校实际问题，而是追赶时尚潮流。

  有些学校借鉴他校经验，直接套用他校做法包装成自己学校的龙头课题。凡是先进经验就拿过来为我所用，人家搞小组合作式学习，我也搞小组合作式学习；人家搞翻转课堂，我也搞翻转课堂；人家搞导学案，我也搞导学案。亦步亦趋，生搬硬套，不论是否适合本校实际。这种做法表面看起来也是来自实践，但并不是自己学校的实践。邯郸学步，鹦鹉学舌，照抄照搬，机械套用，解决不了自己的问题，一不小心落了个东施效颦的结果，贻笑大方。学习他校经验是可以的，也是应该的，但是一定要基于自己学校的实际来学习借鉴，如果是学校研究，那就要以我校为中心，以我校为依据，以我校为立场，以我校为方法；如果是教师自己的研究，就是要以我的学生为中心，以我的学生为依据，以我的学生为立场，以我的学生为方法。返回校情，返回班情，返回师生实际情况，以"我们到底是如何"为判断基础，返回实证。我们并不排除学习他校经验，学习他人经验，但我们的视角应该是由己及人，从自己出发，再看别人，由内而外看，由下往上看，这样就能抓住根本。

  有些学校以一个局部特点演化成全局特色，设立为学校龙头课题。比如学校有一个美术特级教师，美术教学很有特色，于是校长以美育为龙头课题覆盖全校，覆盖各个学科教学，各科教学全部冠之以美育，这样做很显然是削足适履。很多学科根本就是无法以一个美育所能涵盖得了的,比如数学,当然有美育的成分,但数学绝不可仅仅以美育概括,数学更多的是思维能力的训练和培育。比如语文,也有很多的美育成分,但语文绝不止是美育,语文重在培养学生语言文字的理解能力和表达能力,你一定要套用美育,那必然就是削足适履。

上述几种做法,它们有着共同的问题:概念先行,而不是问题先行;重视别人经验,而不是重视自己的实践;思维方式是演绎思维,而不是归纳思维;常常是抓住一点不及其余,最终以偏概全。章太炎曾经说过:"不应从一个主张推演,而应由无数事实归纳。"胡适也批评过观念的教条化,说"一切主义,一切学理","不可认作天经地义的信条","不可奉为金科玉律的宗教","不可用作蒙蔽聪明,停止思想的绝对真理"。学校的教育研究应该回到自己学校的生活,回到自己的课程,回到自己的课堂,回到自己的教学,回到丰富多彩的教育生活中。学校的教育研究应该面向此时此地我们所遭遇的问题,这是我们学校教育研究的出发点。

(《上海教育》2016－7A)

学校管理　人人有责

学校管理的核心是什么？我以为学校里的教师都是学校的主人，作为主人，人人都要建立问题意识，人人都要树立责任意识。问题意识就是要善于发现问题，责任意识就是要主动解决问题。

首先是发现问题。发现问题要敏锐，现实中常常会有视而不见、充耳不闻、嗅而不觉的现象。对问题视而不见，例如，楼道里的灰尘、走廊里的纸片，篮球架上的衣物，有些人走过路过，没有感觉。学校里的乱置乱放现象，功能室里的脏乱现象，时有发生，不少人用过之后，不知不觉，甚至有几分麻木。听意见充耳不闻，例如，家长提出意见，教师当面态度诚恳，但是过后不再认真分析家长意见，也不再整改，问题仍然存在。校园里嗅而不觉，例如，学校洗手间有异味，教师出出进进，居然也能习以为常。这些现象虽然看上去都是琐琐碎碎的小事，但其实都关乎建立文明生活的方式，关乎学生在校生活的质量。

如果说上述细节问题只要稍微留心还是可以发现的，那么有些问题一时之间不容易发现，这就需要借助一些方法。方法之一，就是优秀样板的对照，看看他校，听听他人，学学同类。人们常常是这样，在一个环境待久了习以为常，看不到问题，通过对比就能马上发现问题。方法之二，就是借助他人，例如，请家长，通过家长开放日的方式请家长来给学校提意见、建议；请专家，请课程专家帮助我们审读教材，提出意见和建议。借一双眼睛看自己，醍醐灌顶。

发现问题之后，我们还要分析问题产生的原因，这样才能避免同样问题重复发生。有道是不通则痛,有研究表明,管理当中出现的问题有70%是沟通不善或缺乏沟通导致的,甚至有人说,矛盾的98%是误会所致。一位有效的管理者往往要花费70%的时间和精力用于沟通。学校也是这样,所有的管理都是人的管理,人的思维方式、工作方式常常有不一致的地方,再加上立场站位不同、利益不同,所以常常会有观点上的不一致,那么有效的沟通就是必备的工作。而误会与被误会的原因往往就是沟通不善或缺乏沟通。没有沟通,则缺乏了解;没有了解,则很难理解;没有理解,则产生误解。于是矛盾产生,问题产生。

问题出现之时,要查清事情真相,包括涉事主体、事件起因、发生过程、结果影响。比如有家长反映作业过多的问题,我们就做个调查,了解是整体反映作业过多,还是部分学生反映过多。如果是部分学生的反映,我们再进一步分析,这些学生实际情况到底怎样,弄清原因所在。经查,其中一部分学生参加了校外补习,一方面补习本身占去了很多时间,另一方面校外补习也会产生新的作业;另一部分学生本身基础较弱,有些题目对他来说有一定难度,且及时完成作业的习惯没有完全养成,学生不愿意做题,拖拖拉拉。基于这样的事实,我们就可以针对这些学生出台相应措施。比如,可以出一些选做题,学生成绩薄弱的可以加强非智力因素的干预,题目的量可以减少,使之逐渐适应正常学习。问题出现之后,我们有时候还需要分辨,这是个别现象,还是典型案例?如果是典型案例,还要考虑延伸出来的问题。

发现问题,分析问题,在弄清楚问题症结的情况下,思考解决问题的方法。一般来说,如果问题来得凶猛,首要的一点是及时扑火,防止扩大;其次要即时通报,让上下知晓;需要批评的要根据情况作出批评,如果是有典型意义的要教育大家,以儆效尤;同时要思考根治这类问题的方法,所谓长久解决问题的措施。例如,学校功能室出现教学器材遗失现象,原因是责任主体缺失责任,解决办法当然就是教师谁使用谁负责,校务办要建立相关制度,定期盘点教具,责任人签收,学期查验,建立赔偿制度。

如果发现别人的问题,要及时指出,而且指导要具体,教师教学也是这样。

例如,某教师上课让学生提问,这是很好的做法,基于学生问题进行教学,但五六个学生问过之后,教师对学生问题没有评价,什么问题问得有价值,学生不知道。教师在学生问过之后要有及时评价,否则会错失很好的教学机会。一位教师上课,学生造句"我们会保护它"。教师说:"这句话语法上看也是对的,但是这样表达不好。"这位教师只给结论,不给原因,等于没有指导,学生不知道为什么这样表达不好。一位教师上《找朋友》一课,讨论中有一个学生说:我不要朋友也不会孤单。面对这样的观点,教师明显准备不足,不知如何应对,只好反复说:"我肯定你敢于说出自己的观点。"其实教师完全可以让学生继续思考:是任何时候都不要朋友吗?如果不是,什么时候需要朋友?帮助学生修正自己的观点。很显然有些时候可以一个人,有些时候需要朋友,比如有些游戏缺乏朋友根本无法进行,独立是相对的,合作是绝对的。又一个学生说:"比起朋友,生命更重要。"教师也不置可否。其实教师可以先让一步,生命的确很重要,但是我们现在讨论的对象是朋友,就像我们在讨论苹果好不好吃,你却说梨子好吃,这就偏离讨论对象了。也就是说教师应该让学生明白:我们所说的是在生命有所保障的前提下,讨论朋友重要不重要,把讨论的前提弄清楚。

对问题的处理要讲究原则策略。第一,原则问题必须讲原则。在原则问题上不能讨价还价,必须讲原则。比如,学校要建立课堂神圣不可侵犯这一基本原则,选修课也是课,对于选修课学生迟到的现象必须严厉批评,不能以各种理由耽误上课。再如,教师不与家长发生经济往来,这也是红线,教师不能收费,不能向学生推荐任何商品,教师也不能向家长推荐任何商家。又如,校内校外有别,校内事情校内解决,教师不能误导家长干涉学校内部人事调整。

第二,效益问题必须讲效益。效益问题必须考虑投入与产出,要建立成本意识,如时间成本、人力成本、财力成本、物力成本。相关问题一旦产生,要及时处理,及时处理成本最低,至少时间成本最少。效益问题还要考虑质量,也就是在保证优质的前提下,控制并降低成本,很显然经费来之不易,比如图书馆建设,既要考虑实用,又要考虑教育审美意义,同时考虑成本投入。同样湿地研究功能室,就要考虑生物、地理结合,考虑两个学科共用,发挥效益,降低成本,学会成本核算。联合利华引进了一条香皂包装生产线,结果发现这条生产线有个缺陷:常常会有盒子没装入香皂。总不能把空盒子卖给顾客啊,他们只得请了一个研究自动化的科研人员设计一个方案来分拣空的香皂盒。研究员拉起了一个十几人的科研攻关小组,综合采用了机械、微电子、自动化、X射线探测等技术,花了90万,成功解决了问题。每当生产线上有空香皂盒通过,两旁的探测器会检测到,并且驱动一只机械手把空皂盒推走。有一家乡镇企业也买了同样的生产线,老板发现这个问题大为光火,对小工进行了严厉批评,小工很快想出了办法,他花了190块钱在生产线旁边放了一台大功率电风扇猛吹,于是空皂盒都被吹走了。很显然,效果一样,但投入的成本明显不同,效益当然也就不同。学校经费有限,每个人必须牢固树立效益意识,把钱花在刀刃上。例如值日学生反映学校卫生间有浪费洗手液、擦手纸的现象,教师要加强教育,发现问题及时制止,学校所有财产都是国有的,人人有责。要检查设施、设备损坏情况,责任人就是执教教师,谁执教,谁保管,谁负责。

第三,人文问题必须讲人文。对教师的人文关怀不可或缺,比如女教师生育问题,应该给予的关心照顾必须到位;给教师配发的校服、手机等相关福利要及时到位。最为重要的人文关怀就是关心教师的专业发展,这一点不遗余力,在教师的个人成长方面配置相应的带教导师,开展切实有效的教师培训,促进教师的专业发展。

我们说每个教师都是主人,所以都是管理者,客观上每个教师都承担着学校的管理任务,至少你要管理好你课堂里的每一个学生。总之,作为管理者一定要公正公平;一定要敢于承担责任,一定要有奉献精神,一定要重视细节,一定要把工作落到实处,一定要多做调查研究,多问问有经验的,多听听管理对象的,多看看周围的,多反思自己的,加强教学、管理工作的主动性、计划性、创造性、规范性、协调性、有效性,实现管理效益的提升。

(《未来教育家》2017-5)

学校领导要学会处理几对关系

学校的副校长、党支部(或党总支)副书记、工会主席属于校级干部,学校的办公室主任、课程管理处主任也是校务委员,都是学校的主要领导。他们的领导能力、管理方式、思维习惯直接影响了学校的整体建设和发展。作为校级干部要学会处理各种关系,其中就有左右关系、上下关系、前后关系、点面关系,等等。

左右关系,即部门之间左邻右舍的关系。学校内部一定会有分设机构,机构与机构之间就是左邻右舍的关系,校级干部分管相关机构,干部与干部之间也是左邻右舍的关系,这个关系必须处理好。一个政令出台,尽可能兼顾各方利益;实在兼顾不了,可以分别对待;如果无法区别对待,那么势必有人要以大局为重作出适当让步甚至小小的牺牲。明德学校现在实行学部制,小学部、初中部、高中部,均有各自的特征、各自的需求,必须统筹协调,尽量做到让多数人满意。比如自动售货机提供一些日常用品,高中很需要,因为住宿生晚上需要补充能量。问题是现在初中生甚至小学生上下课之间也会涌过去购买零食,这既不利学生养成健康饮食的习惯,也会破坏学校的卫生环境。解决办法之一就是换空间,把售货机放到宿舍楼上,让初中生、小学生买不到;如果售货机无法搬迁,那就控制时间,把售货机售货时间控制在晚上 7 点以后,那时候小学生、初中生都回家了。如果不行的话,最终只能取消售货机,要求高中部以大局为重,以学校整体利益为重。如果不涉及整体,无关乎学校大局,学部之间可以有差异,这是兼顾各方利益的方法。如设立年级家委会,小学部主要以学部为单位开展活动,不再设立年级家委会;初中部主要以年级为单位开展活动,需要设立年级家委会,区别对待,无须统一。

上下关系,即干部之间的上下级关系。校级干部都有分管的中层干部,如何处理好与中层干部的关系也是需要智慧的。一般说来,校级领导主要是抓大事,提要求,看问题。紧紧抓住学校发展的重大事情,抓住学生成长的关键事情,提出工作要求,放手让所属干部具体执行。在工作过程中,要侧重发现问题,但不要代替下属工作,发现问题及时指出,让下属自己去纠正、去改进工作。现实中我们发现校级干部一不小心就会代替中层干部工作,代替工作其实就是剥夺中层干部的工作机会。校级领导对中层干部要做到"三保":一要保证,保证工作方向正确,保证教育价值观正确;二要保护中层干部的工作积极性,对他们的工作要多肯定,多表扬,激励他们的工作积极性,一旦出现责任问题,校级干部不能推诿,而应该主动担责,保护他们;三要保底,当中层干部不能圆满完成工作任务的时候,校级干部必须主动提供帮助,保证工作不受影响,顺利完成。

前后关系,即干部的工作程序问题。必须按照规范的工作流程来操作,不能做与规范相悖的事情。比如学校采购物品,先报批,同意采购之后,按照采购流程进行采购,大宗商品采购要货比三家,要招标,通过比价、比质,选定商家采购,采购之后报销。不能事先不报批,东西采购回来了,才来补报采购申请,这明显不合程序。学校添置大宗物品,学校与其他单位合作,事先也须报批,不能先斩后奏,不讲流程,不合规范。

点面关系,即整体和局部的关系。工作期间,干部之间有矛盾是十分正常的,产生矛盾的原因往往是信息不对称、角度不一致、立场不相同。虽然同在一个校园里,但彼此学科不同,所处年级不同,接触的人也不完全同,信息不一致很正常;因为思维方式不同,因为工作、生活习惯不同,而造成看问题视角不同,也很正常;因为分管的领域不同,每个干部容易站在自己的立场上思考问题,处理问题,这也很常见。但是校级干部还是要把握好局部与整体的关系,分管的工作都是局部的工作,局部工作不能影响学校整体,而应该促进整体的工作。干部们不能因为矛盾而相互抱怨,相互指责,相互调侃。相互抱怨不但不能解决问题,反而增加矛盾;相互指责更会使矛盾激化;相互调侃则增加了对对方的轻蔑感,背着当事人调侃对方,让周围的其他老师听见,将会消解整个管理团队的权威感。发现对方的问题,站在学校整体的立场上考虑,正确的方法是善意指出,或者坐下来一起讨论,帮助出谋划策,如果还是不能解决,则带到会上共同研究解决。

  校级干部是学校关键人物,关键人物的成长方式之一就是即时行动培训,也就是在工作进程中发现问题即时反思,即时纠正,即时提升,实践证明这种方法行之有效。

(《上海教育》2016 - 12A)

把学校工作做到师生心里去
——点评新学期各部门计划

开学之初,召开行政会,各部门交流工作计划,我作点评。

首先表扬了干部们开学以来的工作,新学期伊始,学校各项工作平稳,有序开展,得益于各位干部前期深入的思考和认真的准备,学校秩序井然,环境干净整洁。高中部2月4日就开始了质量分析,初三年级2月16日进行了质量分析,分析到位,翔实具体,方法可取,建议将相关分析分享,积小智为大智,积众智为大智。各位干部积极主动,找我谈自己的工作构想,有想法,有思路,这样的状态很好!工作有变化,学校有新气象。去年年末我在《中国教育报》上发表的文章就提到"明德的下一步发展取决于明德干部的管理水平和执行力",由此看来,我很有信心。

听取了各部的计划报告,我逐一作了点评。

小学部。计划安排非常详尽,本学期将组织教师开展课堂模型竞赛活动,通过竞赛,把根据要素组合的课堂模型研究进一步具体化,让教师在比赛活动中加深对课堂模型的认识,丰富课堂的思维流量,推进课堂教学效益的提升,从而提高教师的教学水平。学校最重要的教育载体就是课堂,而且我们学校年轻教师居多,课堂经验多有不足,所以要花大力气促进课堂效益提高。举办科技节的创意也很好,但应该是全校一起做,形成整个学校的科技活动氛围,此事由学校课程委员会牵头,科技总辅导员具体组织实施,小学部、初中部、高中部由浅入深、由简到繁、由易到难,根据学部具体情况统筹安排。红树林整合课程的教学展示也很好,通过展示促进此项课改深入一步,如果确实成熟,可以面向全市、全省乃至全国展示。小学计划出版相关课改课程,课程出版一定要严格实行审稿制度,成熟一个出版一个,不仅请校内的老师审稿,还要请校外的专家审稿,保证课程的质量和可操作性;其次要抓落实,我们编写教材的目的是要在课堂上发挥作用,而不是放在橱窗里供大家观赏,因此课堂落实是关键,出版的目的不是为了展示,而是为了使用,所以要以使用为准则来评估是否出版。小学生利用暑假到美国、英国访学交流,这很好,但是这种方式的弊端在于还是我们自己的孩子在一起玩,不过就是换一个地方玩而已,不能融入别人的课堂当中,要真正感知别人的课堂,就要到别人的课堂当中去学习,与美国的孩子、英国的孩子一起上课、一起生活。小学没有升学压力,能否组织小学生在教学期间走进美国、英国的课堂与当地学生同步、同班学习。"六一"节的活动安排很有创意,计划组织一天的活动,上午开展各项体育活动比赛,下午是美食节。上午比赛获奖可以得到相应的明德货币(建议改称"学校货币",简称"校币"。因为如果叫"明德货币",简称就是"明币",与"冥币"谐音,这就不好了),可以用校币购买下午的美食,这很好玩,学生肯定很喜欢。我们是否还可以继续深入下去,试想一下,体育活动比赛总有人获奖,也有人不能获奖,获奖的得到校币,没能获奖的拿不到校币,下午的美食节没有获奖的学生凭什么购买美食?因此要让每个学生都能拿到校币。不如从现在起,学生只要在某个方面表现突出都可以获得相关校币,这样整个学期学生都会很开心。美食节的售货摊位将收到的学校货币先去除成本开销,可以将利润用于下一次活动,也可以捐给慈善基金会,用于资助困难儿童。这里有一个先决问题,就是最好能由学生成立明德银行,那就更有趣了,由明德银行向家长、校长、教师募集资金,学校也可以适当注入资金,占据明德银行多少股份,然后由银行发行学校货币,学校货币与人民币实行一定比值的关联,这就很好玩了。

  初中部。学期计划也有很多亮点,学部安排每个老师、干部每周听一定数量的课,这很好,有要求更要有听课之后的反馈,既要向当事人反馈,还要逐层反馈,年级长、学科组长向主任反馈,主任向分管校长反馈,分管校长向校长反馈。学部准备召开"教师沙龙"的创意很好,让老师们有一个吐槽的时间和机会,把老师们自己遇到的实际困难拿出来求教于大家。可以使用教师书吧,喝喝咖啡,在放松的环境里,说说心里话,让老师们找到一个倾诉的机会,这是一个相互学习的平台,希望在召开"教师沙龙"的时候通知我,我也来参加。慢慢做,由一个学期一次到一个学期两次,到一个月一次,做成品牌,各学部都可以做。黑板报的利用是对的,但是否一定要非常规范、非常统一、非常严格?我以为过于规范极容易导致机械刻板,能不能给学生一点空间?让学生可以自由发挥,甚至于一定意义上的发泄乃至宣泄。学校里的任何工作一定要基于学生的心理需求来做,做到学生的心里去,比如是否可以让学生漫画老师肖像,把某某老师的鼻子画得特别大,把某某老师的眼睛画得特别小,能否让学生在一定的尺度范围内善意地"丑化"一下教师乃至校长?学生肯定觉得很好玩、很开心,这样做其实反而会密切师生之间的关系,尤其是我们的老师原本就很年轻,跟孩子们亲近一点也没有什么不可,反而会优化师生之间的关系。又比如可以让学生收集教师口头禅,汇集起来呈现在黑板报上,让大家猜猜这是哪位老师,也是善意地提醒老师注意自己的语言表达。思想品德的课程,要进行校本化改造,不能将德育课程做成死板的、僵化的课程,而要让德育课程变成充满活力、实践引领的活动,一定要避免抽象说理,关起门来说教是毫无效果的,建议一半时间在学校上课,上课要结合社会生活实际,一半时间让学生走进社会,调查了解社会生活。初中部制度化的体育活动安排很好,我希望学校的体育能够实现让每一个孩子都有一项自己喜欢的运动项目,初中的基础奠定了孩子一生的习惯,初中喜欢羽毛球,可能一辈子都会受益。跳蚤市场的设想也很好,但还是应该考虑学生的年龄特征,我估计这项活动初一学生可能更喜欢。学生活动要注意学生自有组织的建设,初中生和小学生不同,他们身上的管理和领导能力已经开始萌芽,我们是否能开设一些领袖课程,让更多学生参与到学校管理中来,激发和培养学生的组织领导能力,有目的地培养具有领袖气质的学生。要通过社团活动培养学生领袖,就是让学生参与社会化的活动，用社会化的运作方式活动，在活动中让有些学生不知不觉养成领袖气质。今后我们还应该在高中学生中选出学生校长助理，让学生参与学校的日常管理，给他们提要求的同时给予适当的津贴。

高中部。学期计划颇有可取之处，其中感恩教育非常好，让高中学生走访初中老师很有意义，还可以组织学生在节假日以外的时间给初中老师打个电话，自己取得成绩的时候报告给初中乃至小学老师，让人们感受到明德彰显人性的一面，明德的学生尤其要践行知恩感恩。学校通过活动的形式，让学生逐渐养成知恩感恩的习惯。初中学生也可以这样做，知恩图报，做有感情的明德学生。端午节的爱国教育创意很好，把这件事做成文化品牌活动，与"中国文化原典阅读"结合起来，学生学习了屈原的作品，借助这个节日来探究这个人物，屈原是伟大的爱国主义诗人，屈原的人格也是一种自由人格，他不愿意在黑暗官场与小人为伍，不愿意同流合污，勇于追求精神上的自由。屈原身上有一种中国文人的诗性气质，这是十分难能可贵的，这种气质是一个人不可或缺的精神气质，值得高中学生去思考和学习，明德的学生要去理解和传承，在今天具有更重要的意义。今天的社会是比较功利的社会，人们衡量一切的唯一标准就是有利可图，人格缺乏诗性，导致十分猥琐甚至面目可憎，人的精神品格低俗化。学习屈原，不仅仅是爱国，还有他身上的诗性气质、自由人格，所以屈原身上闪耀着一种无与伦比的光辉。军训工作尽早与基地联系，尽量排在最合适的时间。当进入明德的学生名单已经明确，离开学时间比较近，开展军训是最佳时间，对学生的班级团队建设有直接的影响作用。此事由分管校长牵头，德育总辅导员具体操作。学生诚信考试的尝试，通过免监考的方式，让学生学会自律，对于高中的学生而言，培养他们自主、自为、自律、自立的品格是至关重要的。高中 R2D2 设计也很好，不断优化，一切活动不能浪费学生的时间，请学长给学生作讲座，同龄人之间更容易沟通，更容易相互学习，但是要注意讲座学长的选择，一定要选用优秀的、有能力的、能够激发学生阳光向上的精神状态的学长来作讲座。我在开学教师大会上提出了半自习课、自习课要逐步落实，这个自习课也可以叫"自主课"，让学生学会自主，最有利的教学就是针对学生自己的教学,而自主学习就是针对自己的教学。我们要培养自由人格,一个重要的因素就是要让学生学会自主。如果连一堂课都无法自主,那么还能期待他自主什么呢?本学期要求高中部筹备"西方思想文化名著选读"课程,尽快确定一个主要负责人,进行系列化的准备,同时要注意,这门课程是以"选读"的方式开展,选择合适、方便学生阅读的文段,把学生领进思想的大门,感受人类思想文化的博大精深。高中是学校发展的制高点,高中的工作至关重要,各个学部要大力支持,高中招生工作其实就是家长和学生用脚来给学校投票的过程,要加大宣传力度,策划在先,深入学校、深入学生、深入家长,让其他学校的初三毕业生及家长知道明德,进而认同明德,最终选择明德,必须把每一个环节做细做实。

校务办。本学期的做法颇有创意,邀请各个学部老师来开会,听取大家的意见和诉求,这个做法很好;确定校务办例会制度,将任务上墙,也是非常好的做法,因为校务办的工作千头万绪,常态的工作要及时完成。校务办的工作兼具管理和服务,从本质上讲所有干部的工作都是服务于教师、服务于学生。管理的要管理到位,服务的要服务周全。所谓周全就是我们能不能把服务工作做到人们的心里去。打个比方,老师们也许只是一个模糊的想法、一个小小的期盼、一个不经意的需要,而我们的工作想在前面,做在前面,老师们只是一个念头,我们就已经做到了,或者老师们没有想到,我们也做到了,给老师们意料之外的享受,这会让人感觉非常温暖。今天行政会,校务办给每个干部准备了一杯茶水,看似一个简单的举动,但我想与会者内心深处还是感到非常舒适、非常温暖的。又如,我觉得明德校园里的花卉少了,春天到了,人们很想看看花卉,这是人之常情,我们能不能花点钱,买一些花卉装点校园,让师生怡情悦性,赏心悦目?校务办的报修机制要方便教师、学生,网络报修、手机报修、电话报修,都可以,甚至要鼓励师生报修,因为我发现现在我们有的老师常常对公共设施不闻不问,所以要鼓励积极报修公共设施设备的人,报修不知道具体负责人不要紧,可以向校务办任何人报修,校务办的人要有"接球"意识,先把"球"接过来再说,接过来再传给分管的人。著名商标的申报工作要列入计划,著名商标的申报是为了维护我们的品牌,我们的品牌来之不易,要借助这项工作树立我们的品牌。前年我们曾经举办了"学校年度十件大事"的评选,去年的"学校年度十件大事"我们也继续举办,这是一种非常好的回顾和总结的方式,向相关人汇报,向社会汇报,凝聚人心。年鉴工作也是这样,既然开了头,就要持续下去,要借助这个年鉴记录我们这一代人的办学历史、我们的思考、我们的课程、我们的经验、我们的成绩,这就是学校历史,我们今天所做的一切都要对历史负责。

我以为今天各部门的计划安排比之以往的计划有非常明显的进步,更具体,更全面,更切合实际,更具有可操作性,真的令人欣喜。美中不足的是创意略显不够,学校的学生都是生动活泼的,因此我们的一切活动也要充满创意,丰富多彩,既出乎意料之外,又在情理之中,打开思路,放开想象。接下来各部召开听证会,广泛听取教师的意见建议,高中部的听证会要吸收学生参加。希望我们在相关政策出台之前,一定做好听证工作,积极主动听取师生的意见,这对行政干部个人管理能力的提升有帮助,也对学校的整体发展有重要的意义。明德的发展将迎来挑战,很大程度上是对学校管理能力和执行能力的挑战,希望学校的各项工作在坚持已有的好传统的基础上,大胆创新,更多地基于学生和教师的需求,更加主动地为别人考虑,尽量把工作做到师生的心里去。

再次感谢各位干部新学期以来卓越的努力!

(《未来教育家》2017年2-3合刊)

教育局长的专业化

我曾经对教育局长的专业化提出过不同的看法,因为都是教育出身的人担任教育局长,那势必导致教育局长的同质化,因为教育出身的人都带有鲜明的教育工作者的特点,他们当过教师,因此知道教学;他们当过校长,因此知道学校管理;但是他们身上常常带有书生气,气魄不够,不如营长、团长;力度不够,不如镇长、县长;关系不铁,不如政府办公室主任,也缺乏行政运作能力,缺乏运作各种政府内外资源为教育服务的能力。于是让教育以外的人来担任教育局长,或许能够带来新的气息、新的视角、新的资源、新的力量。

但是当大多数教育局长都是由外行人来担任,这就是一个问题了;当一个教育局领导班子大多数成员都没有做过校长,这就是一个问题了。因为不懂教育,教育局长就很有可能想当然地处理教育的问题,以他们擅长的方式来管理学校,来抓教育。

首先是以抓运动的方式抓课程改革。这在其他领域里也许有一定用处,他们喜欢发发文件,发发号令,一个市、区、县统一行动,整齐划一,流行洋思模式,就通通都学洋思模式,流行东庐模式,就通通都学东庐模式,流行杜郎口模式,就通通都学杜郎口模式,流行翻转课堂,就通通都搞翻转课堂。总之,抓学校课程改革,好比抓运动,齐步走、一刀切,是其主要行为方式。但人是有个性的,教师也是有个性的,教师的教学也是有个性的。任何课改经验的推广都应该以尊重教师的个性为前提,都需要教师根据自身情况、学生的特点、教学的情境再加工、再创造。否则机械照搬只能事倍功半,或成为"水上浮萍",甚至产生较大的负效应。A·S·尼尔在《萨默希尔》一书中说："一些小规模实验往往是依靠其中某些关键人物的特殊贡献才取得成功的。"因此一种教育经验的研究成果不是一种谁都可以操作,或任何人都能得出同样结果的行为模式,它常常表现为一种原理或原则,它不能简单化地直接移植于教学实践,更容不得机械地临摹照搬,它必然需要教师充分发挥自己的主观能动性。不同的学校有不同的教学条件,有不同的教师,有不同的学生,有不同的培养目标,用一种教材包打天下的做法已经无法满足学校个性化的需求,无法满足学生个性化的需求,国家的第八次课程改革,在教什么的问题上,赋予学校更多的自主权,学校可以从实际出发,在尊重国家课程、地方课程的前提下,开发学校课程,教师获得更大的自主权。

其次是用抓企业的方式抓教育。最典型的就是绩效管理,所谓绩效就等同于升学率,等同于分数。这样的教育局长最热衷于给学校排队,按照分数、升学率排队,用抓GDP的方式抓升学率,将升学指标层层下放,作为学校刚性工作任务,对升学率较差的学校校长给予大会小会的批评。更有甚者,有的地方的教育局长召开校长会竟然以升学率排座位,坐在最后最边上的座位就是升学率最低的学校校长,以此羞辱校长并警示其他学校。为了提升区域升学率,区域教研机构就成了组织考试的专职机构,进行一次次模拟考试、一次次排队。有这样的教育局长,必然导致整个区域的学校不得安宁,校长势必以此方法考核评价教师,考试地狱就成了十分正常的教学常态,师生苦不堪言。

第三是用抓机关干部的方式来管理校长、管理教师。一个典型特征就是校长必须绝对服从命令,教师必须绝对听从指挥,教育局指向哪里就必须做到哪里,校长、教师不能有自己的想法,更不能有自己的个性。根本原因就是没有把学校当作一个文化主体,不知道学校是一个自主、自为、自律、自立的文化主体,基本上把学校当下属单位,把校长、教师当工具使用,以自己的长官意志代替学校的意志,主导学校发展的一切工作,就像军队,把学校当一个连排单位来管理;就像政府机关,把学校当一个下级部门来管理;就像工厂,把学校当一个车间来管理。如此管理,学校从根本上丧失了主体地位,校长教师也不可能有主体权利,完全处于被动状态。学校从副校长选配,到教师招聘,从财务预算,到教师奖励,一概由政府说了算,学校几乎没有任何权力,如此下来,学校无法进行任何有效的管理,一切听凭局长主导。而事实上,一个教育局长,或者几个教育局长又不可能了解十几所、几十所学校的实际情况,无法对学校里的具体问题作出准确而具体,且符合学校实际的判断,于是误人误事在所难免。

教育是个专业,专业的问题应该由专业的人员来领导,这应该是一个基本前提。我并不排除可以用一些非专业的人员,但前提是他要虚心学习,学习教育,了解课程改革的基本要义,认识学校教育的独特特征,他必须放下领导的架子,走进学校,走进课堂,走近校长,走近教师,走近学生,倾听他们的意见,倾听他们的呼声,成为一个懂教育的教育领导人。

(《上海教育》2017-6A)

阿曼的英国学校

这个题目不明就里的人看了有些奇怪,英国学校应该在英国,为什么在阿曼?是的,与上海有美国学校、日本学校一样,阿曼有英国学校,也就是英国人在阿曼办的英国式学校。

因出席在卡塔尔举办的世界教育创新大会,顺道到有合作意向的阿曼英国学校看看。2015年10月31日早上起来,发现酒店就坐落在海边,大海非常宁静,偌大的海面居然没有一点风,真的是风平浪静。阿拉伯国家的建筑风格非常独特,矮矮的、土黄色的房子,顶层都是城墙式的,空气干燥,阳光灿烂。

上午7:50就到了英国学校,学校是20世纪70年代建造的。阿曼的苏丹王当年与英国查尔斯王子同在英国学校读书,相互熟悉,于是苏丹王邀请英国人到阿曼办学校,意图改变阿曼学校落后的教育教学方式,把英国严谨、自由的教育风格带到这里。苏丹王将马斯喀特一块黄金地段的地块划给学校,然后让当地的石油大亨、大财团、大企业家们捐钱把学校建起来,无偿提供给英国人办学,学校是私立学校,但是不营利,所有的学费收入都投入学校的正常运营以及学校发展上。事实上他们现在正在扩大校园,仍然是苏丹在学校旁边无偿划拨土地,但由学校自己用积存的资金建设。学校享有很高的自由度,除了不允许开设宗教课程之外,其余的课程全部由校方决定,学校成立了包括校长在内的11个人的董事会,但是校长没有表决权,校长其实就是对董事会其他10个董事负责。

学校坐落在依山傍海的地方,山不高,可以说就是小山坡,学校的建筑体就建筑在山坡上,因此学校的建筑单体高高低低,错落有致,房子的风格就是当地阿拉伯的建筑风格,土黄色的外墙,里面却是欧美的风格,基本是全封闭的,空调是主要的通气降温手段,室内的走廊也常常成为教学用地。房子和房子之间都有比较窄小的通道,穿来穿去就像地道一般,当然比电影《地道战》里的地道宽一点。好在学校的学生人数不多,就1 162个学生,还是行得通的。放学时分,家长来学校接孩子,就显得有点拥挤了。

校长凯·魏洽尔(Kai Vacher)是英国人,他的母亲也曾经是校长。当年母亲当校长时热衷于搞跨国学校之间的交流,比如英国学校与德国学校的交流;他当校长也很想搞跨国学校交流,这是他第一次在学校接待中国校长、教师,因此高度重视,安排非常紧凑。他和国际交流部主任带着我们不停地穿行在学校当中,去听各种不同门类的课程,基本上就是"走课"。一个上午在这所不大的学校来来回回居然走了5公里,听了10多节课,感受颇多,这所学校的课至少有三个主要特点。

一是自主性。无论什么课,这所学校的课程都是教师只教给学生最基础的知识,然后让学生自己按照教师的任务单去自主学习。戏剧课,教师教给学生一些基本的无声戏剧动作,然后让学生自己编排无声戏剧,向教师讲述为什么这么编排,其意义是什么,其戏剧冲突是什么,其形体动作是表现什么,等等,教师再加以指导。计算机编程更是如此,学校买了英国人编的软件,校园网里就有大量分门别类的计算机编程的课程资源,包括文字的、图片的、视频的,教师布置学习目标,让学生自己上网学习,然后学生之间相互学习,相互答问,教师答问,教师帮助解决学生一时解决不了的问题。学习一定时间之后,教师就把任务单放在网上,教师任务单非常简洁,百字以内的篇幅,三五句话交代清楚,任务种类比较多,学生可以自行选择一项任务完成,就在课堂上,每个学生各自忙自己的任务,接待我们的国际部主任就是上这门课的老师,他陪着我们到处转,他的课学生非常自觉地自己学习,自己做事,有条不紊,间或也相互讨论,这种讨论完全是自觉的讨论,因为需要而讨论,也就是碰到问题的时候相互请教一下,不是国内那种为讨论而讨论的学习,不是那种为展示小组合作式学习而展示的小组学习。也许长时间的这种自主教育教学,学生都养成习惯了,老师告诉我们,即使他在课堂上,也就是解决富有挑战性的问题,不是学生每个问题都要老师来解答,他认为没有价值的问题他不予回答,其他学生能够解决的问题他不需要回答,他要回答的一定是有难度的、价值大的问题。

二是活动性。学校大量的活动课,上文提到的戏剧课是这样,计算机编程课是这样,还有很多课都是这样。我们看到的一节在国内称为"劳技课",在这里称为"艺术创意课"就很有意思。这堂课是制作艺术闹钟,师生在一个布有各种工具的大教室里上课,教室里有三台大小型号不一的3D打印机,有激光切割机,有各种锯子、钳子、刷子。这堂课的任务就是制作一个艺术闹钟,学生在计算机里画图,画好后就用激光切割机切,一分钟搞定,然后开始在钟面上上色,刷油漆,绘画,为自己喜欢的人物、动物、花卉造型,布置在钟面上,而且要把造型的意义用文字书写在练习本上,附上图示、解说,说明整体的意义、局部的意义。有个女孩的钟面造型就是用一个她喜欢的电影明星来装饰,另一个女孩设计一头小香猪作为装饰,她们都非常认真地在作业本上毕恭毕敬地写明理由。很让人感动的是,这里学生的作业写得非常干净,英文书写非常工整,像是打印出来的。钟面制作完毕,开始设计钟的其他部件,又是在电脑里先设计零部件,然后用3D打印机打印出来,上这堂课的老师估计有五十多岁了,他告诉我们:"学生比我聪明,有些机器我还用得不好,学生非常纯熟地使用,比如3D打印机、激光切割机。"他们的活动性课程都有非常鲜明的产品意识和任务驱动意识,也就是说,他们都是在完成教师布置的任务,而这个任务就是一个产品,任务完成之后,产品就出来了,评价也就容易了。我们还看了一堂幼儿园的工程课,也很有意思,虽然只是四五岁的幼儿,但是居然上起了工程建筑课。每个小朋友上课时都戴着一顶工程帽,用纸箱子、塑料管、塑料胶带、塑料小钉子、胶水等物品作为建筑材料,开始搭建自己心仪的建筑模型。老师和三个家长一起带着学生做,五六个小孩子一组,积极、开心,忙得不亦乐乎,一件件像模像样的微型建筑单体慢慢成形了,他们还给这些建筑单体画上相关的图画,使之更逼真,更有艺术性。这也是任务驱动式的,孩子们以组为单位分配任务,在家长的带领下完成任务,做出产品。

三是生态型。教学过程中教师把学生的学习情境还原为原初的生态,转变过去单纯的为学习而学习,转化话语情境,把过去的学习型话语,变为生活化话语,变为生命必需。以微博课为例,这个学校开设的微博指导课,从本质上说,其实就是写作指导课。但是我们今天的写作指导课,在学习的名义之下,越来越脱离生活,越来越学习化,成为一种学习型的话语方式,甚至导致学生为作文而写作,"假大空"的现象日益严重,这样训练出来的学生作文有高尚却又是空泛的思想,有漂亮华美却不朴实的言辞,有时尚却又是应景的套路,文章中唯独没有学生自己的思想,学生的灵魂不在场,不在文章现场,这是十分糟糕的事情。作文是作文,而学生平常真实状态下的表达全然不是这样,最终导致学生人格分裂。阿曼英国学校的微博指导课,学生写作微博,完全没有作文那些套路,没有平常作文那些套话,没有应付老师的空话,学生我手写我心,因生活需要而写,有感而发,有理要讲,有情要抒,不是因作文而写,全然是回归生活的写作方式,是生命基于自身需要的本真表达、自由书写。写完之后,经过老师阅后认可,即放入真实的互联网的微博之中,这样表面上没有任何写作训练的痕迹,但仍然达到培养学生写作能力的目的。又如微电影制作课,我们去观课的时候,他们正在一本正经地制作电影海报,是学生自己电影的海报。微电影制作,学生实际要从脚本到拍摄,从拍摄到剪辑,从课堂里的技术学习到走向社会与各路相关人员打交道。比如为了拍摄相关社会问题,直接找到政府部门,请他们支持拍摄,给予调查的方便;寻找相关企业,请他们给予经费上的支持,拍摄出来的微电影给予赞助方回报;最后微电影制成之后,走向市场,寻求市场的充分认同,需要做好相关广告,等等。这一系列的工作过程对学生而言是全方面的锻炼和考验,真正培养学生的实际处理问题、解决问题的能力,提升学生的真实修为。

阿曼的英国学校是着眼于培养真实的人,即面向生活、面向社会、面向问题的人,所以其课程设置、课堂教学都是这么鲜活,这么自然。

(《未来教育家》2016-1)

教师要成为学习者

教师需要思想力

时光荏苒,不知不觉,我已步入老年,一辈子从教,一辈子操劳,一辈子快乐。回首过去,我看到自己蹒跚从教的旅程,我感受到一路曲折前行的艰辛。如果一定要给青年教师说几句话,我想那一定也是说给自己的话,绝不能是以长者自居的所谓谆谆告诫,绝不想作居高临下的指导状,而应该是极其平常的道白,教育生活其实真的很平常,也很平淡,因为教育本身就是很朴实的,一如我们的日常生活,绝没有那么高深莫测,也没有那么高大伟岸,它像一条小溪,涓涓不息,日夜流淌。

我们都在说教育是一种文化的传承,文化的传承当然包括知识的传承,但我们的教育不仅仅是给学生传递知识;文化的传承当然包括能力的培养,但我们的教育不仅仅要培养学生的能力;文化的传承当然包括价值观、世界观、人生观的确立,但更重要的不是知识层面、理论层面的人生三观,而是关于人生观、世界观、价值观的实践思想力、实践判断力、实践辨析力,而这一切靠的是教师实践中的引领。我非常认同这样一句说法:所谓教师是成人世界派往儿童世界去的文化使者。那么作为文化使者,教师在学生成长实践的过程中理应发挥精神引领的作用。

如果我们要不辱使命,我们凭什么不辱使命,凭我们的知识?凭我们的能力?凭我们的社会阅历?凭我们的思想力?如果是这样,我们就要进一步追问:我们的知识有多少?我们的能力怎样?我们的社会阅历有多少?我们的思想力如何?毫无疑问,在这一系列的要素之中,一定有一个最重要的要素,我以为那就是思想力。心理学家们说思想力是指个体为完成某种活动或任务时对各种要素进行分析、重组、整合的各种思维能力的总和。我更愿意通俗地说，思想力就是一个人对复杂事物的判断能力。对各种现象的分析能力，对各种似是而非的概念的辨析力，就是一个人对各种假冒伪劣东西的批判质疑能力。

这个思想力复杂吗？抽象吗？我以为一点儿都不复杂，一点儿都不抽象。它就在我们的生活中，它就在我们的课堂里，它就在我们的课程里，它就在我们与学生的所有交往活动之中，它就在我们教师自身的所作所为、所见所闻之中。

看看你的课堂吧。你的课堂运用了很多技术——现代信息技术、网络技术，你是在运用这些技术手段灌输给学生许多现成的知识，还是引导学生去发现问题？你的课堂是给了学生许多逗号、分号、句号，还是给了学生许多问号？你的课堂运用了很多模式、很多方法，但你是在带领学生寻找既定的标准答案，且是唯一的答案，还是在带领学生去寻找多种答案？寻找多种答案其实就是寻求事物的多种可能性。你的课堂是培养学生单一的求同思维，还是培养学生的多样化思维、批判性思维？你的教学是把学生教得越来越迂腐、机械、呆板，还是把学生教得越来越聪明、越来越智慧？

看看你的校本课程吧。你的校本课程是迎合上级检查而编写的，还是真正落实到现实课表当中的？你的校本课程是基于学生需要而设计的，还是基于教师知识储备而设计的？你的校本课程是考试的延续，还是智慧的启迪？你的校本课程是去生活化、去背景化的单一文本世界，还是与背景紧密相联的生活世界？

看看你的办学特色吧。比如体育特色学校，是为特色而特招运动员赢取金牌，造就特色学校，还是真的创造一种氛围，提供了多种体育选修课程，让每一个学生都热爱至少一种运动项目，进而养成一种热爱运动的习惯，形成一种良好的身体素质、健康阳光的心态？一句话：是少数人的体育特色，还是绝大多数人的运动健康？又如艺术特色学校，是为了领导来视察而做的表演，还是为了培养学生发现美、欣赏美的能力？是为了赢得考级的分数,还是为了让学生养成一种健康的审美情趣？

教师肩负的使命不仅仅是传承,传承传统的优秀文化,我们更需要严肃而认真的思考,思考并解决当下的问题;教师肩负的使命不仅仅是传播,传播外来的优秀文化,我们更需要基于现实、面向未来、面向世界做严谨的思考,思考现实的教育生态,分辨发展的方向、路径和策略,带领学生走向美好的明天。

(《人民教育》2017-10)

读点有文化含量的著作

年终岁末，学校党支部让我推荐书目，我欣然应允，推荐了三本书：杜威的《我们怎样思维·经验与教育》、西蒙的《耶路撒冷三千年》、丹尼尔的《自由的基因》。

回想起来，我好像多次应邀推荐书目，几乎每一次都十分认真地推敲书目，常常还要附上长长的推荐理由。我当然知道，推荐书目其实很容易给人好为人师的感觉，凭什么你就有资格推荐别人应该读什么书，凭什么你要推荐这些书让别人读，真的讲不清楚，真的有点强加于人的味道，但还是改不了当老师的习惯，就是喜欢推荐书。我在上海市建平中学执教高中语文的时候，就养成一个习惯，每个月给学生推荐一本文化名著，后来渐成气候，每月一书成了我的语文教学的一大特色。现在作为校长，向教师推荐书目，其实也是希望老师们多读书，因为我知道，不少学校的不少老师已经不读书了，他们只是做题，读教材，读教参，读练习册，读中考试题、高考试题，如此而已，身上原本有的读书人的味道慢慢消磨殆尽，书卷气没有了，代之以十分功利的世俗气、市侩气，面目慢慢变得不那么秀气甚至有几分可厌了。有时我曾半开玩笑半认真地说："有些常年在高三执教的老师越教越像高考试题了。"这些话我其实不忍心说，因为我知道老师们也是被环境所逼的，他们原本不应该是这样，他们原本并不想这样，但现实很残酷，强大的高考中考压力使他们不得不把解题做题当作最为重要的事情。教师是职业读书人，如果现代社会连教师都不读书，那我们还能期望什么人读书呢？

教师需要读书,这是天经地义的事情,那么教师应该读什么书呢?或者说教师首要的应该读什么书呢?一般人也许认为应该读专业类书籍,语文教师读语文,数学教师读数学。除了学科专业之外,作为教师读读教学技艺类的书籍,这也许是不错的选择。但我以为不然,教师首要的还是应该读读有点文化含量的著作,读读教育与文化相关的著作,因为我以为读书影响人的气质,读书影响人的格调,读书影响人的颜值,读什么样的书就会有什么样的气质,读什么样的书就会有什么样的格调,读什么样的书就会有什么样的颜值。教师即课程,作为教师你走进教室你就是课程,你就是教育,你的一言一行直接反映出你的气质修养,反映出你的精神风貌,你走近学生,你的一举一动,你的气质格调,就影响着学生。我向老师们推荐德国大哲学家雅思贝尔斯的《什么是教育》,作者开宗明义说道:"教育者不能无视学生的现实处境和精神状况,……如何使教育的文化功能和对灵魂的铸造功能融合起来,成为人们对人的教育反思的本源所在。"雅思贝尔斯还说:"所谓教育,不过是人对人的主体间灵肉交流活动(尤其是老一代对年轻一代),包括知识内容的传授、生命内涵的领悟、意志行为的规范,并通过文化传递功能,将文化遗产教给年轻一代,使他们自由地生成,并启迪其自由天性。因此教育的原则,是通过现存世界的全部文化导向人的灵魂觉醒之本源和根基,而不是导向由原初派生出来的东西和平庸的知识。"雅思贝尔斯把教育定位在灵魂的唤醒、精神的铸造,这其实就是人的精神气质的修养,而身为教师的个人气质修养直接影响学生。

我向老师们推荐雅思贝尔斯的《什么是教育》,就是希望老师们从教育的原点上去思考教育,去探究教育之所以为教育的核心要义;我向老师们推荐怀特海的《教育的目的》,就是要让老师们回头反思我们当下的教育教学行为是我们原初的教育目的吗?我们背离了没有?我们是否忘记了我们为什么出发?我向老师们推荐西蒙的《耶路撒冷三千年》,就是要让老师们了解一个古老的犹太民族之所以有那么强的生命力、那么强的抗打击能力,与教育有什么样的关系?我向老师们推荐丹尼尔的《自由的基因》,就是要让老师们知晓一个英国人如何认识自身历史和当今世界的"他人视角",了解我们现代世界的由来,进而思考学校教育培养自由人格的意义。我向老师们推荐马修斯的《哲学与幼童》,就是要让老师们了解儿童与哲学之间有着天然的联系,孩子们的问题也许就是充满哲理的天问,进而思考学校教育如何关注儿童的哲学生活,保存好孩子的哲学天赋。我向老师们推荐弗兰克·富里迪《知识分子都到哪里去了?》,是因为欣赏他的观点"定义知识分子的,不是他们做什么工作,而是他们的行为方式、他们看待自己的方式,以及他们所维护的价值",知识分子"为思想而活,而不是靠思想生活","知识分子最赞许的一个美德,是有能力追求独立和自由的生活";成为知识分子,意味着"不仅参与到创造性的思想活动中,而且也担负社会责任"。

  读点有文化含量的著作,让教师的气质充满魅力。

(《上海教育》2017－3B)

复盘思维
——为耿慧慧《高中"复盘式"写作思维指导十八讲》作序

说起语文,人们更愿意谈论阅读。读书使人明智,阅读是基本功,怎么强调也不会错误。书读百遍,其义自见,读多了就知道意义了;"熟读唐诗三百首,不会作诗也会吟",读多了就会写了。这些原本都是真理,对一部分人,也确实如此。但我们也知道,事情并不如此简单,同样是有了一定的阅读基础,许多人怕写作,许多人写不出像样的作文,这也是现实。写作教学是一门科学,但我们不少语文老师还徘徊在科学的门口,一只脚进门了,另一只脚还在门外,写作教学不得要领的现象并不少见。所以作文教学亟待深入而有效的研究,刻不容缓!

耿慧慧是来自上海崇明的语文名师,一线教学出类拔萃,进而成为崇明区语文教研员,是上海市第三期语文名师基地的优秀学员,与她相识完全是因为语文。在基地的语文教学研讨活动中,她总是非常积极的,她上课,她也写文章,评课时常听她发表高见,研讨时总有独到思想,我一直有一种感觉,觉得她是一位难得的理性思考、理性分析能力很强的女性教师,而且是一位难得的敢担当、敢作为、善研究的女性教研员。作为崇明高中语文教师的领头羊,致力于探索作文教学新路径。她的研究是基于现实问题的,而不是基于时尚理论的;是着眼于人的思维培养,而不是文辞的修饰;是着重于作文整体的指导,而不是局部的改变。

诚如慧慧老师所分析的,学生作文出现了诸多现实问题:思维跳跃,缺乏路径;逻辑不清,层次不明;思考单一,就事论事;举例为主,缺乏说理;等等。其实学生作文有问题并不可怕,可怕的是语文教师的作文教学出现了问题。

语文教师缺乏行之有效的解决问题的办法,语文教师的作文教学常常不得要领,作文教学出现诸多问题:重结果轻过程指导,重理论轻实际操作,重批评找茬轻构思指引。更有甚者,很多初三、高三作文指导基本停留在套题指导上,把原本生动活泼的作文变成机械划一的套题作文。更可怕的是,有些语文老师甚至不愿反思、不愿意研究作文教学。据耿慧慧老师的调查统计表明,某一年共听课 120 节左右,其中写作课不到 10 节,区域层面的公开课不到 3 节。高中教师的备课笔记中,绝大多数都是阅读教学的教案,写作教学教案极少,且不规范,缺乏整个学期或学年的计划。这说明在作文教学阵地面前,我们有不少语文老师选择自我放逐。不作为,听之任之,这无疑更加令人担忧。

耿慧慧老师是基于这样的现状开始她的作文教学研究探索的,一做就是三年,可见其责任情怀、担当勇气和执着精神。

我非常欣赏她的命题,命题方式不是自命不凡的"高大上",而是非常生活化的、颇具创新意味的"复盘"研究,将下棋中的复盘拿到作文教学中来,其意义不仅仅是反思作文本身,更有复盘思维过程的意义,是思维复盘,这对指导学生写作有着切实的帮助。

以思维为主要抓手,我以为切中写作要害。作文教学历史悠久,但到底作文教学应该从文出发,还是从人出发?从文出发,我们已经作了许多尝试,积累了许多经验:如何审题、如何构思、如何结构;议论文的写法,记叙文的写法,说明文的写法;材料作文的写法,小作文的写法,等等;已经非常详备地教给学生,然而就一般情况而言,我们的学生经过训练之后,懂得了文章的基本要素,似乎掌握了基本的行文规范,但也是千篇一律的文章、模式化的文章、八股式的文章,缺乏生气,缺乏灵性,缺乏体现自我个性的创意。

从人出发,我们就应该研究写作的主体,我们总说文如其人,要作文先做人,可见人是本,是根,是我们应该着重考虑的,从文章的生成过程来看,任何一篇文章的诞生都要经过"双重转化"。首先是现实生活,客观事物向认识"主体"(即写作者)的转化,即写作者能动地、本质地、真实地将现实生活、客观事物转化为自己对客体的认识(观念和情感),这是由事物到认识的第一重转化,而后是作者的观念、感情向文字表现转化。将头脑中的意识、情感转化为书面语言，这是由认识到表现的第二重转化。无论是第一重转化，还是第二重转化，其中心毫无疑问是写作主体，因此写作教学就应该把写作主体置于中心地位，这就抓住了事物的主要矛盾，符合文章写作的客观规律，这样才能更好地提高人的写作能力。

从人出发抓住了事物的主要矛盾，那么接下来的问题是，从人出发，关键应该抓什么呢，也就是说矛盾的主要方面是什么？我认为是思维，思维在文章生成中处于核心地位，起着主要作用，说到底写作是一种思维活动，文章是思维的果实。所谓思维是人脑对客观事物间接的和概括的反映。人们对客观事物的认识活动，从感觉、知觉到表象，是对事物的直观反映，即对事物个别属性、事物的整体的外部程序的反映，这种反映是认识的感性阶段。而认识事物的本质及其规律性必须通过一定的间接的途径，以一定的知识为中介去反映和认识，这就是认识的理性阶段——思维。思维是人类所特有的认识过程，是人的认识能力向事物本质深入的一个复杂的辩证过程，是人脑反映事物一般特性和事物之间相互联系的过程，是大脑以已有的知识为中介，进行分析、综合、判断、推理和形象创造的过程。

耿慧慧老师的研究不是简单地停留在思维理论的研究上，她的研究是解决问题的研究，她研究的是如何帮助学生学会分析现象，学会分析原因，学会分析结果，学会分析对策；如何帮助学生实现从现象到本质的综合构思、探因究果的综合构思，"志""力""物"对策的综合构思、正反对比的综合构思、从驳论到立论的综合构思；如何帮助学生洞察论证的过程性缺失，识别论证的逻辑错误，帮助学生学会基于数据地科学论证，避免言过其实的结论，帮助学生学会考虑所有相关的主体，准确地运用论据为论证辩护。

我相信本书的出版将给语文教师以切切实实的帮助，从而给学生以切切实实的帮助。从语文教学的实践意义上，耿慧慧老师的研究功莫大焉。

(《上海教育》2017-12A，有改动)

守护青年教师

作为深圳明德实验学校的创校校长,我所带的教师近80%是青年教师,而且基本上是应届的本科毕业生或硕士毕业生。每每向外人介绍我的团队,那是非常骄傲自豪的。他们有的来自国内一流的大学:清华、北大、复旦、同济、中山大学、武汉大学、华南理工、厦门大学;有的来自师范大学:北师大、上师大、华东师大、华南师大;有的来自香港和海外的大学:香港中文大学、香港浸会大学、香港教育学院、英国利物浦大学、澳大利亚墨尔本大学;等等。他们之所以被选进明德,其中一个重要的原因就是他们有一定的研究能力,身上有书卷气。选聘优秀的青年教师只是第一步,如何让他们健康成长是更为关键的一步,我以为守护初心是至关重要的,守护他们原本具有的研究意识是至关重要的。

现在人们都爱说教师培训,我不喜欢"培训"一词,虽然我也不免有时会从众说说"教师培训",但仔细想想,"培训"一词就有居高临下的味道,就有训导的意思,就是要改变教师。我有时会反问:教师是你可以改变的吗?教师是可以被培训的吗?回答是否定的。我喜欢用"守护"这个概念,即守护青年教师从教的初心,守护青年教师原本具有的书卷气,守护青年教师原本具有的研究能力。我们从优秀的大学招来了优秀的毕业生,之所以优秀就是他们身上原本具有的品质,如果不加守护,很有可能被极端功利的教育现实消磨殆尽。事实上,教育界的人都知道,我们的青年大学毕业生在学校的应试环境下,不出五六年就可以成为"匠式教师",他们会解题,他们会出题,他们会一次次地压迫学生做题,他们会一遍一遍地让学生模拟考试,他们会一次次地按照分数给学生排队。他们不再读书,不再做学问,不再做研究,不断重复是他们的工作常态,机械操练是他们的教学常态。说得重一点,他们就像驯兽师一样在日复一日地机械训练着学生,他们和学生身上原本具有的灵性、灵动、灵气一点一点地被蚕食掉。何其可惜!何其可叹!

　　守护青年教师,不是不要教师学会出题,学会解题,学会训练孩子的能力,而是与此同时,让青年教师不要放下书本,而是继续读书,滋养自己的心灵,滋养自己的书生气质,不要让心灵之花枯萎,不要让自己变得面容猥琐,或者面目可厌、可怕、可憎;不要让青年教师轻易地放弃好不容易养成的读书习惯、研究习惯、研究意识。为此明德一部分教师自发地组织了读书会,不断阅读,不断交流,不时研讨,不时发表高见。为此明德教师承担起相关课改项目的研究,每个老师都有研究项目,至少一个,最多两个,每个项目都是源自教育教学的实际问题。如课程重构,让青年教师一开始就站在一定的高度审视中小学教育,研读课程标准,对比分析大陆、香港、台湾课程教材,对比分析中国、美国、英国课程教材,在广泛对比研究的基础上,重构明德自己的课程内容。数学课程的彩虹数学,语文、英语的彩虹阅读,莫不如此。这样一来,教师慢慢建立了课程意识。课程重组,将不同学科的教师组合起来,研究课程整合;小学一二年级的跨学科整合,将语文、数学、英语、思品重新组合,以主题为单元重构课程;初中文科的整合,将语文、历史、思品等三门课程整合,开创"中华文化原典阅读"课程;初中理科的整合,将地理、生物、化学、物理等四门课程整合,开创"湿地研究"课程。课程重组让青年教师解放思想,开拓思维,打破学科壁垒,加强学科与学科之间的横向交流,教师学会组合各种知识面向社会生活,面向问题,也影响学生学会组合各科知识去解决实际问题。课堂重建,提炼课堂教学的相关要素,进行课堂模型建构,模型建构不再是课堂模式机械的程序建构,而是将课堂要素加以因势利导的组合,是一种灵活的、富于张力的要素组合。不同的教学内容、不同的教学对象、不同的教学目标、不同的教学时间可以有着不同的要素组合。课堂重建,让青年教师既掌握课堂的基本规范,又可以灵活运用,不断创新。

这期间,校长及其管理团队与青年教师共同面对问题,一起听课评课,一起研读教材,一起分析研讨,同时也邀请各学科的专家参与研讨、参与听课、评课,参与审议课程教材,改变那种居高临下的教师培训,而建构一种共同面对、共同研究、共同行动的团队伙伴关系,一种学研共同体。

令人欣喜的是:这样做的结果很快显现出来,深圳市教育局发布重大课题招标,明德有4个课题成为重大课题,其中一个课题入围前20名;深圳市组织好课程评选,明德有4个课程当选为市级好课程;明德一批教师纷纷获得深圳市课堂教学竞赛一等奖、二等奖,福田区特等奖、一等奖;一批项目研究论文纷纷发表在专业期刊上,产生了积极的影响。

研究问题,解决问题,让青年教师保持一种良好的研究习惯,保护年轻人那种开放的思维方式,守住那种开明、积极进取、勇于改革的心态,而不是老气横秋、故步自封、墨守成规的心态。只要坚持下去,假以时日,成就一批优秀的教师,成就一批学科专家,甚至造就一些有深厚实践经验的教育学者,都是极有可能的,对此,我深信不疑。

(《上海教育》2016-9A)

让教师自由地成长

教师是人,是从事教育教学的职业人才,教师的成长是基于人的成长规律,也是基于教育教学的职业规律。顺应人的成长规律,顺应教育教学的基本规律,才能有效促进教师的专业成长。教育教学是科学,因此它有其内在的本质属性,有其基本规律;教育教学也是艺术,因此它具有人的个性化特征,有其艺术化特征。

习得教学规范:有规律的自由行动

教师的成长首先要习得教育教学的基本规范。教学是有共性特征的,这些共性特征就是教师在教学过程中所共同遵循的基本规律、基本规范、基本准则。每一门学科都有它的本质属性,每一门学科一定会有它的规定性,每一门学科都是科学而有序的。教学的共性还体现在教学过程中。总体上说,无论是教师教学,还是学生掌握知识、提升技能,都是从简单到复杂,从低级到高级,从有限趋向无限;学生思维过程也是由实践到认识,再由认识到实践。教学管理和教学评价也是有共性的。课前预习,课堂讨论,课后复习,学期计划,都可以统筹安排,量化管理;高考中考评价精确的双向细目表,十分讲究效度、信度,无疑也是学科评价科学化的体现。

教师的专业成长首先要习得这些基本规律、基本规范、基本准则,而习得这些基本规律、规范、准则又不能导致机械刻板。仅以笔者所在的深圳明德实验学校为例,青年教师培训从课堂模型研究入手。我们为什么说模型而不说模式呢？主要是鉴于今天许多学校、很多教师大谈模式,且一说模式就是百战百胜的,具有无限能量,并且极想定于一尊,放之四海而皆准,片面夸大成效,回避问题,引来善良而急切希望改变教育落后面貌的领导、教师纷纷学习,结果可想而知。这里为了避免重蹈覆辙,我们刻意回避"模式"一词,代之以"模型",并刻意切割"模式"与"模型"原有的关联、原有的类同,把"模型"与"模式"区别开来。

人们在教学中通常所说的课堂教学"模式",往往指课堂教学的"程序建构",侧重于课堂教学的"程序步骤",一个十分明显的特征是"程式化",一不小心就容易刻板机械,比如课堂教学第一步做什么,第二步做什么,一共有几步,或者教师讲课只能多少分钟,学生展示必须多少分钟,等等。

而我们明德所说的课堂教学"模型",指的是课堂教学"要素提炼""要素组合",即先将课堂教学的要素提炼出来,然后根据课堂教学的不同目标、不同情况将这些要素选择性地加以组合,组成多种课型,具有灵活性,富于弹性张力,那么就不是一种单一的课堂教学模型,而是由一系列课堂教学模型组合起来的模型群,千变万化。

这样一来我们从课堂要素入手所进行的课堂模型研究,至少解决了长期以来悬而未决的问题,那就是一说规范,就导致机械刻板；一说灵活,就导致缺少规范。明德教师在教学规范的习得方面努力实现一种规范而不刻板、灵活而不失规的效果,努力实现有规律的自由行动。

创生教研文化：百家争鸣

在习得规范的基础上,教师在专业化成长的路途上,必须培养思想力,什么是思想力？思想力是一个心理学术语,主要是指个体为完成某种活动或任务时对各种要素进行分析、重组、整合的各种思维能力的总和,是后天学习引发产生的一种素质。思想力水平是衡量思维能力大小的重要标志,思维能力的提高取决于思想力水平的层次递进,思想力层次提高,思维能力则增强。而思想力层次的高低受有效训练的多少、自主探索建构和反思频率等因素的影响。

思想力对教师的重要性,是直接关乎教育目的是否达成的最重要因素。有思想力的教师,能够以自己生活的广度和学习的深度,带领学生学会思考。要知道,把学生培养成什么样的人,往往不在于教师命令学生做了什么,而在于教师本身是什么样的人。"学生的脑力劳动是教师的脑力劳动的一面镜子。"(苏霍姆林斯基《给教师的建议》)如果教师的思想力已经羸弱甚至萎缩,我们就不能指望他的学生拥有强大的思想能力。由此可见,思想力是影响教师核心发展力最重要的因素,一个教师要走向专业化,首先要能够思考,提高思想力。具体到教师的思想力,主要表现为能够对影响教育的各种要素进行居高临下的综合思考与判断,对形形色色的教育现象背后的本质有一种洞察力和正确的价值判断力,对流行的习惯性做法中违背教育规律的地方有深刻的剖析,并能够积极主动地参与,用自己的教育教学行为树立正确的榜样。

思想力的形成必须经过深入的研究和讨论,必须经过真正意义上的对话,那就是针锋相对的争鸣碰撞。学校教师队伍是一个学习型组织,教师每周活动一次,或听课,或讲座,或论坛,或读书,或考察,如果没有针锋相对的百家争鸣,这些活动就很可能流于形式,为了避免这种情形,就要把教研活动变成提高教师思想力的练兵场,采用激活教师思想力的有效做法。

课程改革深入,教学要发展,需要争鸣,需要批评,需要批判,没有争鸣,没有批评,没有批判,哪有课程改革的深入？教师的专业发展既需要探索,也需要争鸣、批评、批判,或者说争鸣、批评、批判本身就是探索的一种形式。优秀教师的发展历程就是在不断争鸣中提升自己的思想力的,学校教育也是在不断继承和批判中走向科学的,人类追求真理的途中,哪一步都留下批判、探索、批评、争鸣的脚印,教育科学研究的过程本质上是一个社会过程,离不开对人类文化的吸收或批判,离不开广泛的交流和相互作用。学术上争鸣论战的重要作用早已为科学史所证明,海森堡说,科学"扎根于交流,起源于讨论";波普尔也强调,在思想世界里,"最重要的因素是讨论状态"。

著名学者李慎之认为,不能简单地把学历高的人称作知识分子,而只有那些能引导社会并对社会进行批判性思考的人才叫知识分子。李先生的这个观点是十分正确的,知识分子就应该具有强烈的社会使命感和事业责任感。教师也应该具有强烈的使命感和事业心。以开放的胸怀容纳对方与己不同的意见,从正反两方面反思自己的观点,进一步地商讨、交流,从而既充实扩展了双方的见解和视野,又有益于教育事业。

通过争鸣在教师团队中形成一种健康的研修文化,那就是:不断进取的动力追求——实践反思,再实践再反思;勇于挑战的创新思想——超越自我,超越专家定论;自由言说的互动交流——自说自话,决不人云亦云;和谐真诚的合作氛围——与人为善,团队情感融洽。

实现个性教学:百花齐放

教学既是共性的,也是个性的。教学个性显然是指教师在教学过程中所体现出来的独特的艺术化的特性,个性发展到一定程度就形成教师独特的教学风格。教学为什么会有个性,这就回到人的本质属性上。人是有个性的,教师是有个性的,学生是有个性的,所以教学应该是有个性的。

教学既是有序的,也是无序的。无序的地方就是教师发挥个性的地方,教学个性表现在课堂教学的不平衡性、随机性。语文、历史、政治学科表现出更多的主观性、审美性、多义性,这就决定了这些学科课堂教学更多的不平衡性、随机性。和理科教学相比,文科教学的主观色彩特别浓,同一个问题往往可以有多种答案,对一篇课文的鉴赏可以从不同角度来进行。写作更是如此,在保证合乎基本规范、原则的前提下,反对千篇一律,主张各抒己见,主张创新。而学生虽然同在一个年级、班级,程度各不相同,而且他们的个人趣味、欣赏要求、审美习惯也各不相同,这些因素直接影响着文科课堂教学,因此,高明的文科老师,他们的课堂教学总是不平衡的,不可能是绝对有序的,因为他们总是以学生为主体,总是千方百计地激活学生,一旦学生被激活了,偶然性、随机性的情况就会不断发生,甚至异峰突起,高潮迭出。一堂优质课的轨迹,就是一条波浪线、一条心电图的曲线。任何"一刀切"的教学设计,不论是传统的,还是现代的,追求课堂教学的绝对平衡有序,只能把丰富的课堂教学"约化",在这样的课堂里,学生慢慢变成机器,思维在教师的指挥棒下钝化。

教学个性还表现在教学方法的灵活性、自由性,这是课堂教学的不平衡性与随机性所决定的。教学活动是一种复杂的、自由度比较大的创造性活动,为了达到某种教学要求,教学的途径和方法是多种多样的,如传授式、启发式、探究式、训练式、点拨法、发现法,等等。我们并不只依靠某一种途径和方法来实现教学目的,我们更没有必要不顾主观、客观条件去生搬硬套某种教学方法。教学效果的实现,在一定程度上依赖教师的个体素质。教学是个人技巧性很强的活动,其效果通过个人的观察和实践才能得到。而这种实践又多半无法按一定的法则来进行。而要由实践者的知识、经验和个性来决定。它牵涉到许多变项,即使人们了解这些变项的性质,也不能给它定量定序。

教师应该保持不羁的个性色彩,课程改革以来基础教育界百花齐放,各创新说,模式林立,教法纷呈。任何一种模式,任何一种教派,只要它是成功的,就必然带有鲜明的个性色彩。任何一种教学方法,都是一定的教育思想、一定历史环境的产物,因而既有其合理性,也有其局限性,巴班斯基既反对由于赶时髦而迷恋于某些教学方式,也反对不分青红皂白地完全排斥某种教学方法和方式。面对色彩斑斓的教学世界,重要的是我们一定要以我为主,不盲目照搬,不盲目屈从,始终保持自己的个性品质。学习他人经验不是引来滔滔洪水,淹没自己的一切,然后另起炉灶;而是引来涓涓清泉,浇灌自己的园地。

总之,习得有弹性的教学规范,核心是自由;创生百家争鸣的教研文化,核心是自由;实现个性化的教学,核心还是自由,让教师在教学的天地里自由地成长。

成为一个学习者、研究者

教师应该成为学习者,成为研究者。开学之前,明德实验学校请来了以项恩炜老师为代表的"成为学习者"团队,项老师、王老师的报告为老师们提供了很好的研究案例,他们是我们研究学生学习问题的榜样。

上午茶歇的时候,有位老师说:一个小问题讲得这么细,这么具体,有什么用?我说:项老师、王老师的研究与一般的大学教授的研究不一样,大学教授更多的是在书斋里研究,做从理论到理论的研究,或者是编译外国人的研究成果,而项老师他们是草根式的研究,从学生出发,从课堂出发,直接研究课堂中的问题,研究学生学习过程中遇到的具体问题,从实践出发,研究实践的具体问题,做科学的分解研究,确实解决了学生学习中的不少问题。过去我们遇到问题是用笼而统之的方式解决,比如体育老师面对 800 米跑不过关的学生,是用不断地加大练习的次数、练习的时间来解决,但学生为什么不过关,每个不过关的学生的具体原因没有找到,虽然加大练习的次数、时间也能解决一些问题,但不能根本解决问题。王梁宇之所以能够拿到 400 米全国冠军,和他在美国接受科学的专业训练很有关系。教练将 400 米跑的所有问题都作细致入微的分解,找出问题的原因,找到解决的办法,加以科学化的训练,最终成就了王梁宇全国冠军的成绩。

作为学习者,我们主要通过读文章、读书、听讲座、上网获取信息。有价值的信息有几个维度值得我们关注:一是信息关联度,即信息与我们自身需求的相关度。关联度有远近之分,直接相关,常常教给我们具体的方法,帮助我们解决具体的问题;间接相关,虽不如直接相关那么直接具体,但也能启发我们触类旁通。二是信息的丰厚度,就是文章、书籍、报告所提供的信息是否丰满,是否厚实,是否给我们更多的帮助。三是信息的留存度,就是信息能否在我们的脑海中留存,成为我们的知识储存。一般大学教授上课更强化系统性,但是否能够在学生脑海中留存,是不少教授忽略的一个基本事实。四是信息的联想力,也就是这些信息使你产生联想,联想到其他相关问题或相似问题,这也有两种情况:一种是现象迁移,就是你获得了一个方面的信息,使得你迁移到其他现象,举一反三;一种是结构迁移,就是相关信息激发你的联想,使你因此建立了一个新的结构,这个意义就大了。以上四条决定了我们学习的着重点,决定了我们去获取更有价值的信息。

项老师、王老师的讲座我以为既有方法的意义,也有方法论的意义。所谓方法的意义,就是给我们传递了具体的教育教学的方法,帮助学生解决问题的方法;所谓方法论的意义,就是超越了具体技术层面的具体方法,给我们全面整体的启发,给我们结构性的启发。

先说方法的意义,以王老师所说的为例。关于理解,王老师作了序列化的延展,理解的第一层含义是能够复述或举出相关的例子;第二层含义是能够提供自己的例子加以说明;第三层含义是能够用描述的语言加以解说;第四层含义是能够辨析相关的概念,能够给出自己的定义。这四层含义逐层深入,将教学目标的"理解"梯次化地进行分解,这可以直接接受。

又如,项老师所介绍的一个写字不能完整写好的学生案例,他通过非常具体的分解,帮助学生找到之所以写不好的原因——"那个学生脑海中跳出来的蓝色之球",影响学生的情绪,导致学生烦躁,从而写不好字,然后一步步针对性地训练,使他终于能够完整地写好一段文字。这个教育案例,我们完全可以照搬,去解决与之相同的问题。项老师还介绍了一个背诵古诗背不出来的学生案例,通过脑海中的学生学习图景再现,找到问题的原因,从而对症下药,解决问题,这个办法,我们也可以拿来为我所用。项老师还提到分层教学如何分层的问题,我们一般以多次考试的分数作为依据给学生划分层次进行分层教学，但项老师提出把思维特征相同作为分层的标准和依据，这对我们很有启发。

再说方法论的意义，项老师研究学生学习问题，他是研究学生行为背后的心理原因，这对我们而言就有方法论层面的意义，比如他将脑海表象设置为大小、位置、颜色、动静、声寂、有我无我、感受七个维度进行研究，就是通过设置研究维度并对维度做梯次分解来研究学生心理。项老师研究学生心理特别重视通过复现学生脑中图景来进行研究，这对我们的研究也有整体的意义。我们在进行课堂模型建构研究的时候，提出了课堂要素，其中一个要素就是思维可视化，但我们所说的思维可视化停留在教学思路、师生问答思路、学生解决问题思路的清晰上。项老师的研究方法让我们思维可视化增加了一个重要维度，就是思维图景可视化，这也是方法论层面的意义。教师总是鼓励学生提问题，学生提出问题之后，常常是教师根据经验判断问题的重要性，最后确定课堂里应该讨论什么，项老师不是这样，他研究学生问题不是自己判断，而是让学生判断哪些问题更急迫需要解决，哪些问题自己不能独立解决，需要借助外力来帮助解决，以此确定课堂应该讨论的问题。这种以学生主体的判断确定问题的方法也具有整体的意义。项老师让老师们介绍一个学生问题，分成两种方式表述，先是用教师的话语方式表述，后用学生的话语方式表述，这立刻看出师生之间的差异。其指向非常清晰，就是让老师们学会以学生的视角看学生问题，这也具有形而上的意义。

王老师提出学科语言必须转化为心理语言，这是必要的。在此基础上，我以为心理语言还可以进一步转化为生活语言，就是我们课堂要素说的还原背景，学科语言转化为心理语言、生活语言，是为了将就学生，退回原点，便于学生理解，便于学生理论联系实际，这个走向是正确的，但我以为我们从生活语言也应该转为心理语言，再进而转化为学科语言，这个走向是为了提高学生科学表达的能力，提升学生的理论水平。完整地说应该是双向穿越，各具意义。

(《上海教育》2016－11A)

捡拾几片落叶，或空空荡荡

2017年，我们大学毕业35年，几个热心的大学同学开始张罗着聚会。35年的时间磨砺，我们的大学同学绝大多数退休回家，于是回忆几乎就是我们这些老年同学生活的一个重要常态。回忆到极致，就是想见一见面，于是聚会自然引起多数人的响应，老班长仍然是班长，指挥若定，先民主后集中，几桩大事瞬间定下来，可恶的微信朋友圈立刻把任务下派到每一个同学身上，其中一件就是同学们都要写写回忆录，可怕的朋友圈就把几个先行者的大作先后亮相，像是老师催交作业一样，一种无形的压力立刻充满在自己的生活空间，赶快写吧，早点写完，至少让自己能轻松一下。

人生的际遇真的说不清楚，1976年粉碎"四人帮"，我应该是1978年高中毕业，早已做好了下放农村的准备，但忽然就有转机，忽然就有变化，忽然就有时运，1977年恢复高考，我作为上饶市一中的在校优秀学生，被校方选中，提前一年参加1977年的高考，整个七八届约有400名学生，只有5个学生享受这样的待遇。我多年热爱学习，居然一考就中，考上了北京广播学院，后来因为我是尚未毕业的在校学生，被取消录取资格。这一切是直到1978年第二次高考之后，我又一次考上大学，父亲帮我去上饶地区招办办理手续时，相关人员像讲故事一样讲给我父亲听，才知道了这回事。如果1977年我被录取，也许就是另外一种人生遭遇，就会遇到另外一批同学。还是要感谢生活，让我有机会被江西师范学院中文系录取，才有机会与100位同学同班学习四年。

毕竟过去了35年。35年的岁月冲刷，使我淡忘了许多事情，捡拾起来的也就是几片枯叶，这些枯叶虽然在有点文艺细胞的年长者看来或许还是有几分特殊的味道，但其实也就是空空荡荡的过眼云烟。

住

我不知道今天的大学生是否知道，他们的父辈曾经住在那样宽大的"宿舍"里。1978年10月，我们七八级中文系所有住宿男生，大约有70多位的住校生，通通住在一个大阅览室里，通通都是上下铺，年纪大的住下铺，年纪小的住上铺，我时年17周岁，毫无疑问住上铺，从来没有住过下铺。一天夜晚，不知什么原因让我辗转反侧，我从上铺滚将下来，重重地砸在桌子上，好在年轻，没有几天就恢复了，倒是这件事还成了许多人当时的谈资，甚至传到江西大学去，就有江西大学的朋友专程来慰问我。

大概过了一年时间，我们终于改善生活住到了筒子楼里，筒子楼除了住我们这些学生，还住着一些年轻教师，可怜的年轻教师结婚之后才有单间住宿，也仅仅是单间而已，没有独立卫生间，也没有独立厨房，那么过道就是厨房，各种杂物堆积在楼道里就是常态。那时既没有煤气，也没有液化气，每天生火做饭，楼道里烟熏火燎也是常有的事情，但那时的人彼此都很宽厚，相互理解，从来没有因为这些事情发生不愉快，更没有互相吵架的现象。我住的仍然是上铺，住我下铺的是万华瑞同学，老三届毕业生，下放知青，经历丰富，写过小说，而且是长篇小说，当时我是非常佩服的，据说曾经被著名作家杜宣夸奖，常听他讲生活故事，都是我所不知道的，他边讲边做动作，滑稽的动作引来哈哈大笑，成为同学们常常模仿的动作。我们这些同学当时家庭并不富裕，万华瑞也不富裕，他有烟瘾，有时看书累了，写东西累了，他就抽上自己卷制的香烟，他一般不喜欢上阅览室或教室看书，总是躺在床上看书，有时边抽他那自己制造的劣质香烟边看书，我在他上铺，香烟缭绕，基本都吸到我的肺里去了，所以当时我之所以积极跑阅览室看书，并不是为了去看美丽的姑娘，完全是为了躲避香烟的熏缭，奇怪的是如此近距离地接触香烟，四年下来，我既没有因此得什么肺部的毛病,也没有染上抽烟的癖好。我住的宿舍不知是五楼还是六楼,总之是最高一层楼,而且是最西边的,没有任何遮挡,夏天的南昌奇热无比,房间里既没有电扇,更没有空调,简直没法入睡,于是我们就只好带着蚊帐,带着草席,去到有露台的楼房,上了露台搭好蚊帐席地而睡,有时会跑到正在施工的楼房,仍然是搭好蚊帐席地而睡。

  读书期间,我还是比较用功的。有一年暑假,在家里待得无聊,我提前两三个礼拜回到学校,想认认真真地看看书。校园里空空荡荡,没有什么人,我的宿舍也只有我一个人,好像学校的设施全归我一个人享用,顿时觉得开心不已。白天安安静静地看书,晚上睡到半夜,浑身上下奇痒无比,身上被虫子咬了好几个包,我开灯起来,眼睛盯住蚊帐检查,没有发现破绽,正在百思不得其解的时候,突然发现有小虫子在席子上爬,一只、两只、三只、好多只,我把席子一掀开,许多小虫子出现在我眼前,不停地爬着,吓出了一身冷汗,猛然想起,这是臭虫,南昌著名的臭虫!我找到一个铁片,开始逐一消灭臭虫,把它们一个个揿死,但我发现几乎是没完没了,一个晚上根本没有办法睡觉。第二天去找学校医务室,他们给了我六六粉,让我用水活成泥状,涂在床上的缝隙之间,这天晚上,臭虫明显少了,但也有极少数智商特别高的臭虫,冲破六六粉的包围,在我身上咬了几口。直到同学们陆陆续续都来了,臭虫不再咬我了,改咬其他同学了,据说臭虫喜欢吃新的血。

吃

  因为是师范院校,所以每个学生是免费吃饭的,第一年好像每个月是14元钱,后来有所增加,好像是每月17元钱,不直接发钱,而是每月发一次饭菜票。食堂里伙食永远不能让人满意,一个礼拜发一次包子票,凭票购买包子,十分有限;一个礼拜发一次红烧肉的票,凭票吃一次红烧肉。那个时候,我们最恨食堂工作人员手里所掌管的勺子,排长队好不容易轮到我们买红烧肉的时候,就怕那个勺子抖了又抖,最后落到我们碗里的红烧肉也就没有几块,而这一周的吃肉机遇就算结束。记得上大学的第二年，食堂工作人员有人得了急性肝炎仍然带病坚持工作，于是十几个学生同时染上肝炎，我就是其中之一，于是请假回上饶，住院治疗。一个半月之后康复，回到学校。肝炎据说是富贵病，要吃猪肝，吃瘦肉，要改善生活，靠学校食堂是根本无法解决问题的，于是我从家里带了煤油炉，每到中午吃饭的时候，就在宿舍自己的桌子上架起了煤油炉下些面条，放点猪肉、猪肝之类的，热气腾腾，香气扑鼻，引来很多同学竞相效仿。到后来，我们宿舍六个人，人人都有煤油炉，中午、晚上六个炉子支起来，一个宿舍就成了厨房，煞是好玩，个个吃得有滋有味。直到今天，我一个人在家用餐，最喜欢做的仍然是下面条，放上一些瘦肉，几乎是百吃不厌。

生活改善之后，饭票就多了起来，交换的生意就自然发生，学校周边的农民会拿鸡蛋和我们交换多余的饭票。每到饭点，一些人推着载满农产品的小货车、小吃摊进入学校，与大学生们做起了买卖，各得其所。

书

从中学进入大学感受最深的还是书，中学图书馆的藏书还是很有限的，而江西师院图书馆的书多得让我惊讶，感觉就像老鼠掉到了米缸里。图书馆最大借阅量好像是 20 本书，我一般都是借满为止，没日没夜地看书，看了很多文学名著，莎士比亚、雨果、巴尔扎克、托尔斯泰、屠格涅夫、果戈里、莫泊桑、海明威、狄更斯、普希金……我像久饿的人忽然看到一桌子的馒头、包子，拿过来就吃，囫囵吞枣，不管不顾。那时阅览室的座位是十分有限的，抢占座位就是每日的常规事件，因为座位发生纠葛的概率还是比较高的。同学们用尽各种各样的方式占据座位，有的在座位上放一个书包，或者一本书，以示座位有人，时间一长，晚来的人也有办法，就是把书包或书丢到别的桌子上，直接导致有的座位有两个书包，矛盾因此产生。后来一些班级的好哥们，就派一个人先到，把整张桌子的位置全部占满，直接把守座位，这样就相对太平一些。到阅览室看书，主要是想看新鲜的期刊，特别是一些文学期刊，20 世纪 80 年代所谓新启蒙时期，文学热潮席卷全国，那些复出的老右派、思想前卫的下放知青，不断地有新作问世，《伤痕》《班主任》《乔厂长上任记》《北方的河》《棋王》《孩子王》《绿化树》《男人的一半是女人》等几乎每一部作品都有很大的影响力。那个时候不论文科、理科学生，都喜欢阅读文学期刊，需要的人多，而资源稀少，供不应求，抢占就是很自然的事了。

大约是1980年前后，一些文学名著开始开禁了，出版社相继出版了一些曾经被"文革"封禁的文学名著，想把名著据为己有，这对中文系的学生来说就是很正常的了，我当时属于除了饭菜票还有些零花钱的人，这零花钱就成了买书的资本，名著印数有限，跑到南昌市中心新华书店排长队购买书籍就成了一项业余生活。好不容易轮到你买书的时候，你会发现，你原本心仪的书已经没有了，只能退而求其次，买两本你原本并不计划买的书籍。我买书的癖好、经历还是让有同样癖好的同学感动了，同组的刘志功同学，年龄比我大许多，也是藏书颇丰的人，他是南昌市人，不知是否因为常常买书，就和书店的职员混熟了，还是原本就有亲戚朋友在书店里，总之他无须排队，就能买到心仪的书籍。他像老大哥照顾小弟弟一样，利用他的关系帮我买书，这是我平生第一次"开后门"，老实说，"开后门"的感觉还是很好的，刘志功在第二时间能知道书店进了什么新书，我就在第三时间知道，然后挑选需要的，购为己有，不费力，或者少费力，还是蛮适意的。

同　学

江西师院中文系七八级学生一共100人，绝大多数都是历届初高中毕业生，尤其是老三届毕业生，年龄普遍较大，可以说是共和国年龄最大的一批大学生，有许多人都是结婚成家的，有的人已经有了不止一个孩子。我是少数几个应届毕业生之一，比我年龄小的有四人，其中有三人是1962年出生的，应该是张岩泉、林志祥、涂重阳，全班年龄最小的是初中毕业考取大学的袁建临，他是1963年出生的，只有15岁，是典型的少年大学生。

因为年龄小，在那些社会阅历丰富的同学看来，我们就是小毛孩，他们是不愿意和我们聊天的，我们常常只有旁听的份。但有时当他们兴致勃勃谈起男女之事的时候，一转眼看到我们也在听，立刻换了一副面孔，十分严肃地说："少儿不宜。"我们不愿意离开，他们会暂时中止刚才的话题，直到把我们驱离，当然有时也会让我们听到不少秘闻，知道一些生命的奥秘。

当然愿意和我们这些小朋友玩的也有，比如邱尚仁同学，他是一个智商、情商都很高的人，没有看见他有多么用功学习，但是每一次考试，成绩绝对优秀。他很愿意和我们交往，也丝毫没有看不起小朋友的意思，常常把他下放农村的奇闻逸事，拿出来与我们分享，好比在我们面前打开了一扇窗户，让我知道了他们这些知青的经历。班级里有一个理发推子，一把剪刀，一把削发剪子，在邱尚仁的指点下，我学会了给人理发。记得第一个用作理发实习的脑袋，就是邱尚仁的头。当时，理完之后，照照镜子，他还是颇为满意的。其实他的头发好理，因为头型比较工整，没有凹凸不平的现象，每一次理发按照上一次的头型，规范地剪一遍而已。这之后，我们都是相互给对方理发，边理发，边听邱尚仁聊天，海阔天空。

同学当中印象很深的还有刘志功，除了因为他帮我买过不少名著之外，还有两件事让我记忆犹新。大学第一学年结束的时候，我们班被派去江西师院的农场"双抢"，抢收，抢种，我们班很多同学原本就是来自农村，还有很多同学是下放知青，这些农活对他们来讲就不算个什么事，而对我来讲就是重体力劳动，为了保证水稻田里有水，防止附近农民盗水就是我们的任务之一，经常一个草席，一副蚊帐，就睡在田埂上，看住水渠，不让附近农民把水改道。白天十分辛苦，晚上又睡不好，吃饭如果吃不好，人就顶不住，那时学校食堂也没有厨师随同，一个班100人的伙食就由本班同学自己烹饪打理，刘志功出乎意料地主动报名做厨师。那个夏季，基本上就是南瓜、茄子、丝瓜、辣椒、冬瓜等几样蔬菜，巧妇难为无米之炊，也真的难为刘志功，他居然每天都能变出花样。我记得很清楚，一个茄子他就有多种做法，我特别喜欢吃他做的茄子，一直觉得他做的菜比学校食堂的菜好吃多了。

最后一年教育实习,我们被安排在南昌十中,同在十中实习的还有刘志功等人,实习期间先是听课,最后每个实习生都要上一堂实践课,刘志功是当过老师的,现在已经回忆不起来刘志功当时是怎么上课的,只记得他上课驾轻就熟,十分老练,一堂课下来如行云流水,比十中老师的课上得还好,赢得满堂喝彩,也让我佩服不已。轮到我上,我上的是韩愈的《师说》,有意识地学习刘志功的方式、方法,但效果与刘志功的课相比差距还是十分明显的,刘志功当时很给面子,说:"不错了,不错了,你第一次上课能上成这样,已经很不错了。"给我很大的鼓励。我不知道后来我在语文教学上有些成绩,是否与刘志功的影响有一定的关系。

毕业35年,拿出夹在记忆书册里的几片落叶,端详端详,回味回味,不一会儿就又空空荡荡了。

(新课程评论》2017－5)

春天的追忆
——一个普通老师的回想

2017年的春天注定是寒冷的，一阵一阵的冷空气自北向南侵袭着大地，侵袭着人们。

3月7日下午，上海浦东教育发展研究院语文教研员聂剑平发来微信："程老师，今天凌晨宁老师走了。元月去看他，还说好春暖花开的时候相约去踏春，想不到他突然就走了。"简直不敢相信，我立刻发去微信："太突然了！什么病？"聂剑平回复："癌症，是肝胆管瘤。"我说："天哪！"可恶的词语，可怕的病症，迫使我相信这是不可挽回的事实！聂剑平继续发来微信："去年他还乐观地说准备身体好一点就去深圳的，结果病情一直在加重。元旦的时候已经扩散了。特别遗憾，宁老师深厚的古诗词学养没有被传承下来。先前我极力鼓励宁老师开发出相关的课程，可惜一直没有落实。唉，如今只能一声长叹。"聂剑平所说的我完全知道，甚至我比聂剑平知道得更多，但此时此刻，我竟说不出来，只回复了一句："一声叹息，令人悲痛。"之后又补充了一句："你是否出席追悼活动，如果去，代我致意……谢谢。"

晚上19:48，我的上海手机收到了一则来自宁冠群的短信，我当时一阵惊喜：下午的消息是不是搞错了？抑或宁老师被抢救过来了？打开一看，短信说："程叔叔，我父亲于今日凌晨三点四十三分过世。"这彻底粉碎了我侥幸的希望！此时此刻我无力充分表达我的心情，只是简短地回复："非常震惊！非常哀痛！你父亲是个好人，失去他万分悲伤！节哀顺变。照顾好你的母亲。"

3月11日下午,上海市建平中学的唐忠义老师发来微信:"程校长好,刚刚与毛老师等随学校工会参加完宁老师追悼会,现场气氛庄严肃穆,来者甚众,哀思绵绵,深怀感念!之前课题组根林、广录、老聂、老余等先后多次分头去家中或医院看望宁老师,并到宁府吊唁。知您为此殷切垂问,特此回告,勿念!"我回复:"谢谢忠义,愿冠群兄安息!"

这几天,大学同学群里同学们纷纷发出悼念宁冠群的微信,整个群里弥漫着沉痛的心情和相互慰藉的表述。同学们的悼念,慢慢把我带入了回忆当中。

我和冠群是大学同班同学,印象中他是1951年出生的老三届初中毕业生,当时的他是圆圆的,圆圆的脸,圆圆的身材,永远处于精神旺盛的状态,我们同住一幢宿舍楼,都在最高一层,当时是筒子楼,一道走廊,两边宿舍,我和冠群就住在门对门,天天看到他,大多数的时间里总是看到他伏在小小的课桌上读书写字,也和人聊天,样子很谦和,说话语速相对慢一些,很有节奏感。他讲话卷舌音比较多,在当时的同学当中,如此标准的带有点京腔味道的普通话还是比较少见的,那毕竟是1978年,许多同学的发音都带有方言口音。无论是私下聊天,还是在班级活动,从没有见过他慷慨激昂的样子,既不愤青,也不高亢。我比他整整小10岁,记得和他在一起的时候,从没有见他居高临下教训我及与我年龄相仿的小同学们,而总是很温和地与我们说话。当时他微胖,显得圆圆的,真的有点菩萨的味道,和蔼可亲,与世无争。让我们全班同学都极其佩服的是他的考试成绩,每一次考试他的成绩总是优秀,没有例外。全班一共100个同学,从开学到最后毕业,大学4年所有考试全部优秀的,全班只有5位同学,冠群就是其中之一,他以不败的成绩征服了全班同学。这个骄人成绩的背后就是他的学养,腹有诗书气自华,他的学养既表现在他的考试成绩当中,更表现在他的为人处世当中。他那常常微笑着的样貌,他那总是温和的话语,他那与人为善的态度,他那真诚自然的人格,无不表现出他的学养。

1982年大学毕业。在那个大学本科生极为缺乏的年代,几乎各个部门、各个单位都急需中文系的专业秀才。我们班的同学只要稍加努力,就能很轻松地进入当时人们艳羡的单位,或者进大学任教,或者进各级政府机关当官员,或者到公检法做执法大员,或者到报社、出版社、电台、电视台当编辑记者做无冕之王,或者进银行、公司拿高薪,只有少数人到中学去当老师。按照当时社会的评判标准,进中学当老师是分配最差的,冠群就是其中的一个,而且是直接分到南城一中当老师,那可是县城学校!他可是全科优秀获得者!没法知道是什么原因,没法知道是不是冠群自己的选择,没法知道冠群当时是怎么想的。只记得当时我被分配到上饶市一中任教是颇有几分落寞的,甚至有点愤愤不平。

毕业就是分别,他在南城,我在上饶,天各一方。有较长的一段时间,彼此杳无音信,但毕竟我们都是中学教师,且都是语文教师,毕竟我们身上都有一种向上发展的动力,毕竟我们都在自己的岗位上尽心尽力,再次相遇是迟早的事。我因为获得江西省高中语文优质课大赛一等奖,在一些语文刊物上发表了比较尖锐的文章,引起了同行的注意;冠群是因为创立了一种语文教学模式"六环节四步迁移单元教学法"而崭露头角,当时就被列为全国有影响的九大教学模式之一。江西省中语会开会,我们有了短暂的相聚,彼此惺惺相惜,他的论文获得了江西省的一等奖,我的论文也获得了二等奖。印象很深的是当时陕西师大的《中学语文教学参考》副主编葛宇红召集优秀青年教师开座谈会,其中就有冠群和我。之后,1991年7月《中学语文教学参考》杂志还专门发了报道《希望,就在他们中间》,点到了冠群和我的名字。

1994年工作调动,我离开江西到上海市建平中学任教,1996年我出版了第一部个人专著《语文教学的人文思考与实践》,汇集了我所发表的论文。由于年轻、知名度还不够大,出版社要求我包销3 000册书,于是我就发动相关朋友帮忙。记得冠群接到我的订单不久就汇来款项购买了几十本书,当时让我很是感动,再三再四表示感谢,冠群却十分真诚地回复说:"你的著作对语文教师很有启发,我们还组织老师认真学习并专门讨论了你的书。"其时他已经调任南城教育局担任副局长兼教研室主任,他的改革依然在继续,在南城的一些学校推开,广受好评,在江西省产生很大的影响,在全国也颇有知名度。

大约是在1997年,我接到了冠群的电话,他向我介绍了他的教改工作,同时也告诉了我江西省教委要调他到江西省教研室工作,并担任副主任,这对他的发展极为有利。他征求我的意见,并且告诉我,他有三个孩子,他也很想给孩子们创造一个更好的工作发展平台,想到上海来。这的确是个艰难的选择,到省教研室担任副主任,基于他在江西省的影响力,评上一个特级教师应该是十拿九稳的,但是当时江西的情况并不十分乐观,以他书生气很浓的个性,三个孩子的就业就成了一个问题。我无法给出具体的意见,只是表示欢迎,如果要到上海来工作,我愿意尽最大的努力提供帮助。不久他来了,到浦东找到了我,很坚定地表示还是想到上海来,这是之前我就料定的,以他为人处世的风格,一定是这样选择的,为了孩子,把自己先放在一边。其时我校副校长调任刚刚创建才一年的上海市进才中学担任副校长,我热情地向他们推荐:宁冠群是一个学养很深、语文教育很有造诣的优秀教师,并一一拿出论据,校长动心了,按照程序进行考核,接下来就是试讲、答辩,冠群毫无问题,一路绿灯,他的功底学养摆在那里,如愿以偿调任进才中学担任语文教师。

我在建平中学,冠群在进才中学,两校同属浦东新区的市重点中学,相距很近,其时我们见面的机会和次数多了,有同学来访,一定把冠群叫上,同学生病,一定和冠群一起去探望。常常听到冠群在进才中学的好消息,他的课十分受学生喜欢,他的课改屡次受到校长的表扬。后来听说他生病住院了,我赶紧赶到黄浦区的仁济医院探望他,他刚刚做了手术,现在已经记不清是什么部位结石,人整个瘦下来,不再是圆圆的脸,圆圆的身材,下巴尖了,体型变"苗条了",看得让人心疼。

出院之后,他依然热心于语文教育改革,担任了进才中学的语文教科室主任。命运总是在捉弄好人,好像没有过两年,又一次听说冠群住院。这一次住在仁济东院,据说因为胃病的原因,又一次做了手术。可怜的冠群,连挨了两刀,我去探望他,人更加消瘦了,但一如过去那样温和地说话,但气力明显不如以前,他的脸色也灰暗了不少。

2003年我担任了建平中学的校长,后来不久进才中学也换了校长,大约是2006年的样子,冠群找了我,希望调到建平中学任教,我当然是答应的。鉴于冠群的身体状况不是很好，我安排他担任图书馆馆长，兼任一个班的语文课，不教高三，只在高一、高二上课。他来到建平中学之后，我们成了同事，他会和我经常聊起他的语文教学，对学校的管理工作他也十分诚恳地提出他所看到的问题，以及他合理化的建议。让我无比高兴的是，他的语文课几乎征服了听过他课的每一个学生，学生尤其喜欢他上的古诗、古文课，他那深厚的古文功底，他那满腹经纶，他那咬文嚼字地背诵古文，他那拿腔拿调摇头晃脑地吟唱古诗，都吸引着学生。他还非常乐于教学生写对联，他自己也写了很多对联，甚至外教来了之后也很喜欢他的对联课，喜欢听他讲对联，他把自己的对联用毛笔工工整整地写好送给外教，把外教激动得不知如何是好。人们常说：教师有魅力，教的课就有魅力。的确如此，许多听过冠群选修课的学生都会持续不断地听他的课，甚至可以说就是因为冠群，不少学生高考志愿选择了中文系，一些考进复旦大学的学生经常说现在复旦大学的古诗文课，绝对赶不上宁老师的课。冠群上的语文课，是非常纯粹的语文课，带着中国传统文化的深厚底蕴，带着他对语文教学的深刻理解，这期间他陆陆续续写了一些文章，让我帮他推荐发表。其实无须我推荐，他的文章每一篇都能达到发表的水平，最后也都陆陆续续发表出来。

那一年申报特级教师，我坚决支持他，从学校到浦东新区，从区学科组到区总评一路表现都很好。但到市里最后一关答辩有些紧张，没有把最好的状态呈现出来。特级教师的评审从某种意义上与高考也有相似之处，平常很好当然很重要，但更重要的是高考那次考试的发挥，发挥得好就好，发挥得不好就功亏一篑，很可惜，冠群与特级教师擦肩而过。但他在我心里早已是特级教师，他在许多教师和学生心里早已是特级教师，因为他的学养、他的语文教学研究、他的课都超过了特级教师的水平。

2010年8月我调任浦东教育发展研究院，担任院长，离开建平了，但彼此还是有联络。我和胡根林、宁冠群、张广录、聂剑平、余锡宝、唐忠义、兰保民、孙立杰等人申报了一个区级项目《高中语文质量目标》，经常召集大家一起开会研究项目，冠群和我也就经常在一起切磋讨论，常常听他那非常认真的发言,那温和的带着卷舌音的发言,非常愉快。项目进展非常顺利,我们这个项目获得了优秀等第,第二年继续申报,继续研究。没有多久,大概是 2011 年 12 月,冠群年满六十,顺利办理了退休手续。

2013 年我也提前退休,应聘到深圳担任校长,最先组团从上海来看我的就是这个课题组的老师们,冠群也很想来看看,因为身体状况不是很好,终于没有来成,彼此都很遗憾。

这两年春节,我和冠群彼此都有短信问候,我也多次邀请他在方便的时候来深圳转转,每一次他都愉快地答应了,但始终没有来成。这期间我也陆续听到关于冠群身体状况的消息,而听到的总是他身体不太好的消息,甚为牵挂,但也无可奈何。

2016 年 9 月 24 日,忽然收到冠群的邮件:

红兵好!

很久不见了,想念殷殷! 你一向有志有为,必定很忙吧?

去年曾打算今年春天去一趟深圳,去看看老同学和你的学校。谁知今年 3 月底体检查出肝胆肿瘤疾病,于是接下来便忙于各种检查、诊断和治疗,折磨中健康状况江河日下。在医院住了一个多月,5 月作了粒子植入手术治疗后,转到家里调养,目前病情初步得到控制,前途仍渺茫不测。

回首生平,得到你这位老同学关照和帮助最多,可惜对你辜负太多,每每愧疚莫名,实在抱歉!

病中兴味索然,除了读读闲书,别无留恋。偶尔翻到去年写过一篇短文《辨体论教　走出误区——关于〈说数〉教学价值定位的思考》,觉得对当下执教《说数》这篇课文的老师们可能会有点点帮助(上海和广东高中教材都选了这篇文章,我曾应邀在广州二中上过这篇课文),可我现在几乎和语文杂志社没有联系了。于是想发给你先审阅一下,如果你觉得还有点价值,请推荐给上海《语文学习》或其他刊物试试,看能否发一发,算我对语文教学的最后一点贡献了。如无甚可取之处,则不必麻烦,算了。

聂剑平老师来医院看我，鼓励我说："等你好了，我们一起去深圳看程老师！"但愿真有康复之日，一定来看望你！

祝老同学

奋发有为，健康快活！

收到请短信回复

宁冠群

当时是双休日，我在外地讲课，赶紧用手机给他回复："冠群兄，保重，保重！我一定将你此文传到位。红兵。"其实心里焦虑不已，9月26日一早到学校之后，我赶紧给《语文学习》主编何勇发去邮件："何主编，早上好！宁冠群是我的大学同学，也是一位非常优秀的语文教师，也是我的建平中学同事，最近收到他的一份邮件，非常感动，也非常伤感，自己大病在身，仍然情系语文教学，这篇文章我转发给你，看看《语文学习》是否能用？谢谢！程红兵。"后来何勇主编回复我："程老师好！久未问候，心有挂念。宁冠群老师的文章挺好，拟在近期发表。希望宁老师尽早康复。祝好！何勇。"一方面我赶紧告知冠群，一方面谢过何勇："谢谢何主编！一定代你向宁冠群老师问好！"

今日再读冠群邮件，禁不住泪眼模糊，这封信就是冠群的最后一封邮件，其情真切，其心忧伤，读来何其伤感，何其悲痛！当时还能对话，此时已阴阳两绝，再不能对谈语文，再不能相聚一堂，再不能听到他温和的卷舌音，再不能看到他沉浸在古诗文教学的身影，天不假年，哀之，痛之！我诚心诚意地希望但愿有天国，天国里有学校，冠群兄一定会以他渊博的学识继续给孩子们上课……

在阴冷的春天里，沉痛悼念冠群学兄！

（《中国教师》2017-6）

做一个理想的明德人

做一个理想的明德人

2016年9月21日晚,明德首届高一学生举行授校徽仪式和宣誓仪式,就像部队给军人授衔,明德学校给学生授校徽。作为校长,我给每个学生一一授予校徽,希望他们记住作为明德人的荣誉和责任。然后我向全体高一学生作了一场报告《做一个理想的明德人》,从明德的历史使命说起,说到做一个理想的明德人。

一、明德的历史使命

当下中国基础教育存在诸多问题,极端功利的应试教育价值观,僵化的体制、机制,千校一面的同质化办学,机械刻板的课程系统,模式化套路化的课堂模式,明德实验学校是基于现实问题的改革试点,也是基于未来发展的实验学校,明德承担了基础教育改革的历史使命,包括体制机制的改革、人事制度的改革、课程的改革、课堂教学的改革。

明德的价值思想,体现在三个"崇尚",崇尚道德教养——不一定在乎学生是否有高分,更在乎学生是否有道德教养;崇尚学术修养——不一定在乎教师是否高学历,更在乎教师是否有学术修养;崇尚文化涵养——不一定在乎是否有现代设备,更在乎学校是否有文化涵养。

明德的教育质量观,集中体现在明德校园悬挂的唯一条幅上,那就是:"孩子健康就是教育质量,孩子阳光就是教育质量,孩子发展就是教育质量。"我非常认同一个家长给孩子的信中所传递出来的教育价值观："父母不希望你成为运动健将,只是希望你有健康的、充满活力的身体;父母不需要你琴棋书画样样精通,但是你需要有一双寻找美的眼睛和懂得欣赏美的心灵;父母不需要你门门功课都优异,但希望你对知识要终身保持孜孜以求的劲头。"

明德学校的教育改革旨归就是把学校办成:一所将东西方教育精华高度融合的学校;一所着眼于学生终身可持续发展的学校。

明德的教育使命就是培养阳光健康持续发展的一代新人,实践并推进中国基础教育的现代化。

二、对明德学子的期许

明德的校训就是:明德正心,自由人格。

何谓明德正心?展开来就是:明德,至善;诚意,正心。

何谓明德至善?

故事一:二战时英国有一张照片流传很广,国王爱德华到伦敦的一个贫民窟视察时,站在一个东倒西歪的房子门口,对里面一贫如洗的老太太说:"请问,我可以进来吗?"这种对最底层人的尊重,是其良好教养的最佳诠释,这就是明德至善的一个重要表现。

故事二:儿子带着父亲在饭店里吃饭,失忆的父亲偷偷把饭桌上的饺子往口袋里装,儿子推了推他问:"爸,您干嘛呢!"父亲说:"这是我儿子爱吃的。"这个失忆的父亲忘记了过去所有的一切,却还记得儿子爱吃什么。

故事三:一个老人拿手机去店里维修,工作人员告诉他手机并没有坏,老人突然哭了:"那我的孩子们怎么不给我打电话啊!"

故事二与故事三形成了鲜明的对比,父母对孩子一片热忱,孩子对父母漠不关心,这种现象在今天的社会并不少见,世人都想拯救世界,却没人帮妈妈洗碗。我不知道我们的同学是否可曾想到你的父母为你付出了什么,而你又为父母做了什么,一个人如何对待父母就可以看出他的基本德性。明德至善就是要大家做一个好人,做一个有良知、有德性、有教养、懂得感恩的厚道的好人。

何谓诚意正心?

故事四:宫本武藏是日本历史上一流的剑客,柳生又寿郎拜他为师。学剑前,柳生就如何成为一流剑客请教老师:"以我的资质,练多久才能成为一流剑客?"武藏说:"至少10年。"

"我不能等那么久!"柳生急了,"我愿意下任何苦功夫达成目的,甚至当你的仆人跟随你,那么需要多长时间?"

"那也许需要20年。"武藏说。

柳生更急了:"如果我不惜任何辛苦,夜以继日地练剑,需要多少时间?"

"如果那样,你这辈子再也没有希望成为一流的剑客了。"

柳生懵了。

"你的眼睛全盯着'一流剑客',哪里还有眼睛看你自己呢?"武藏平和地说,"要想成为一流剑客,就必须留一只眼睛给自己。一个剑客,就必须留一只眼睛给自己。一个剑客如果只重视剑道,不知道反观自我,那他就永远成不了一流剑客。"

一个不能自省的学生永远成不了优秀的学生,一个眼里只有分数、只有升学的学生永远成不了一流的学生,因为他们的学习动因全部是外在的,只有真正出于对知识本身的热爱,对学习研究本身的兴趣、激情,并孜孜以求、不倦探索的人才能真正成为一个大写的人、大写的人才。诚意正心就是要养成意念诚实、心灵安静。

何谓自由人格？只有完整的人才有自由的人格,因此明德的学生进入明德的学习情境,应该面向丰富多彩的生活,而不仅仅是几个学科;应该关注复杂的社会系统,而不仅仅是知识系统;应该提高问题解决能力,而不仅仅是提高解题能力;应该提升自己的综合素养,而不仅仅是学科能力;应该着眼于未来的学习,而不仅仅是为了分数的学习。

何谓自由？我说:狭隘的眼界不自由,束缚的思维不自由。

狭隘的眼界不自由。过去我们说:"教科书是学生的世界。"现在我们说:"世界是学生的教科书。"开阔的眼界才能自由,学校为同学们创设了很多的学习机会,把学校打开,把课程打开,把教师打开,把课堂打开,把评价打开。走出校门,我们组织学生到大亚湾核电站去看中国自主设计的核电设施,到腾讯去体验游戏创造,到万科去学建筑设计,到大疆去感受无人驾驶飞行,到红树林自然保护区观察候鸟。走出深圳,我们组织学生到海南岛中部贫困山区去,去割橡胶,去种水稻;到贵州贫困山区侗乡侗寨去,去除草,去纺织,去唱侗歌,去体验侗族人家的生活。走出国门,到美国去,感受发达国家的现代化水平;到俄罗斯去,感知那里深厚的人文底蕴和发达的军事科技;到英国去,体验那里传统和现代结合的先进的教育思想、教学方式;到阿曼去看阿拉伯文化、去了解伊斯兰教的一种呈现方式。美国教育学者戴尔的"经验塔"(the cone of experience)理论认为:"凡是学生用其全部感官来亲自参与的直接经验与活动,他们都有很高的学习动机与兴趣,且在亲身经验中自行发现科学知识,建构正确概念。"我们用打开的方式,就是为了培养孩子们开阔的视野,让你们真正懂得何谓中国,何谓世界,何谓自己的责任。

束缚的思维不自由,活跃的思维才能自由,课堂是对话的地方,师生对话,生生对话,学生与科学家的对话,与历史学家的对话,与文学家的对话,对话就是要有独立的思想,言自己所思所想,就是要讨论,就是要交集,就是要畅所欲言,而这一切的基础就是积极而活跃的思维。比如同样是美国独立战争,既应该看看美国人怎么说,美国人说抗税有理,拒绝向英国人纳税;也应该看看英国人怎么说,英国人说交税有理,美国人必须向英国人纳税。矛盾冲突,才能激发你的思维。同样是朝鲜战争,既要看人民教育出版社的教材怎么说,还应该看看朝鲜的教材怎么说,韩国的教材怎么说,俄罗斯的教材怎么说,美国的教材怎么说,同一个历史现象,为什么不同教材有如此不同的说法,而且有些方面的内容差异如此之大,这是为什么?我们真的应该多问自己几个为什么?学问学问,就是要学会提出有价值的问题。教材不是《圣经》,教材是学习、思考、批判的凭借。做学习的主人,不做教材的奴隶,不做分数的奴隶,来到课堂学习不是以寻找标准答案为目的,而是以开启自己的智慧为目的。

故事五:1992年2月,柏林墙倒塌两年后,守墙士兵亨里奇受到审判。在柏林墙倒塌前,他射杀了一位企图翻墙的青年。法庭上,亨里奇的律师辩称亨里奇仅仅是在执行命令,别无选择。而法官西奥多不以为然,他的一番话振聋发聩。他说:"作为警察,不执行上级命令是有罪的,但打不准是无罪的。作为一个心智健全的人,此时此刻,你有把枪口抬高一厘米的权利。"从思维方式的角度讲,亨里奇的思维方式是不开放,是被束缚的,是机械的;从人文关怀的角度讲,亨里奇内心深处那个柔软的东西没有了,他忘记了人最宝贵的是生命,爱护生命是第一要义。明德的培养目标就是要培育孩子们的善心静心、美德教养,就是要打开学生的眼界,开启学生的智慧。

如何自由?至少包括以下环节:自主——自己规划;自为——自主实施;自律——自我约束;自立——自立人生。

自主规划。我们要明确树立目标的意义。

故事六,哈佛大学的教授曾经做过长达25年的跟踪调查,调查对象是个人素质相近、家庭条件相似的一批年轻人,初次调查结果出来,27%的人,没有目标;60%的人,目标模糊;10%的人,有比较清晰的短期目标;3%的人,有十分清晰的长期目标。25年之后,再次调查,当年具有长期目标的人,最终都成了行业顶尖人士,对社会做出卓越贡献;当年具有短期目标的人,都成了行业专业人士,对社会有较大贡献;当年目标模糊的人,都是安稳平淡地工作,且业绩平平;当年没有目标的人,大都是怨天尤人,失业,靠救济生活。

自主实施。努力实施自己的人生规划。学生以学为主,而学习要有效率意识,因此要学会倾听,去除浮躁心态;学会有序,根治散乱习惯;学会思考,积极提出问题。学习来不得三天打鱼两天晒网,在树立正确的价值观、把握正确的方向、掌握正确的方法的前提下,只有努力学习,才能取得令人满意的成绩。每个优秀的学生都会付出卓越的努力。一位教授在研读了犹太人的历史后说:"我最吃惊的是他们对纯粹知识的热爱。他们对搞考古、希伯来古文字等纯学术研究的人给予最崇高的敬意。这恐怕与犹太人能成为全世界最成功的商人不无关系吧?"

自我约束。养成自我约束的自律习惯。

故事六:"有教室失火了,都赶快到教学楼外去!"一个声音传进教室,教室立刻乱作一团,你推我挤。一个洪亮的声音在教室里响起来:"都不要乱,男同学站到两边去,让女同学先出去。"同学们都安静了下来,循声而去,一名同学正站在桌子上指挥着:"女生们也不要乱,排成两行往外走,下楼梯的时候也不要乱……"很奇怪,刚刚乱作一团的景象井然有序起来。这个同学最后一个走出教室。

突发事件中,乃至生死攸关之时,能够处变不惊、先安置他人的,一定是一个具有自我约束、能够自律的人。优秀不是一种行为,而是一种习惯。

自立人生。学生要有责任意识,首先就是对自己的责任,管好自己的课堂才有学习质量,管好身边的环境才有素养,管好眼下才有未来。其次要明确公共的责任,要人人树立"天下兴亡,我的责任"责任观,如果明德的校园里,人人都说:"学习秩序不好,是我的责任;校园环境不好,是我的责任;国家教育办不好,是我的责任;国家不强盛,是我的责任……"唯有这样思想,自己才有希望,学校有希望,国家有希望,真正实现人生自立。

有位家长给孩子写了一首诗——《孩子,我首先希望你自始至终都是一个理想主义者》,我节选一段作为我的结束语:

> 你可以是农民,可以是工程师,可以是演员,可以是流浪汉,
> 你必须是个理想主义者。
> 当你童年,我们讲英雄的故事给你听,
> 并不是要你一定成为英雄,而是希望你具有纯正的品格;
> 当你年少,我们让你接触诗歌、绘画、音乐,
> 是为了让你的心灵填满高尚的情趣,
> 这些高尚的情趣会支撑你的一生,
> 使你在最严酷的冬天也不会忘记玫瑰的芳香。

我诚挚地希望明德的孩子都是理想主义者,每个明德学子成为理想的明德人。

(《未来教育家》2017-1)

明德学科重组的课程整合

深圳明德实验学校课程改革的核心概念：开放、实验。我曾经用一句通俗的话说就是把学校打开，把课程打开，把学科打开。过去我们说："教科书是学生的世界。"孩子们是读书的，读来读去读的就是课本。现在我们说："世界是学生的教科书。"一切有助于学生健康成长的人类文明理论上都可以成为学生的学习资源。明德学科重组的课程整合，其前提思想就是打开，打开思路，打开视野，不再用固有的模式禁锢自己，不再用固有的思想束缚自己，勇于探索，积极尝试，科学实验，打开学科通道，打开课程资源，从而实现打开学生的视野。

我们知道课程的价值取向有多种，代表性的有知识本位、社会本位、学生本位。知识本位的课程价值取向当然是以知识为重，其课程选择和组织着重强调知识的系统性、顺序性、完整性；教师教学关注对教学的控制性，学生处于被控制状态和被动地位。社会本位的课程价值取向以社会要求为重，其课程内容选择主要关注社会需求，课程内容围绕社会需求而产生。学生本位的课程取向强调学生是课程主体，不仅是课程内容的接受者，也是课程内容的开发者和社会经验的创造者。其课程内容选择尽可能从学生经验出发，关注学生兴趣、需要和能力。明德实验学校学科重组的课程整合以学生本位的课程取向为基本思想，兼顾社会需求和知识要求，我们并不简单排斥知识的系统性、完整性、顺序性，并不简单排斥社会需求的相关内容，也就是说在以学生为主线的同时，适当兼顾社会要求，兼顾知识本体要求。我们认为这样一种融合型的课程价值取向在当下课程改革中是比较现实可行的。

明德学科重组的课程整合是在明德课程整体改革的大背景下进行的,明德课改的基本方略就是将东方教育精华与西方教育精华高度融合,构建一种多元选择、充满活力、富有张力的课程。明德的课程谱系包括三大系列:基础课程即国家课程是必修课程,其课程改革的方向是校本化重构;拓展课程即学校课程是选修课程,其课程改革的方向是生本化建构;特需课程即学生个别化课程主要是自修课程,其课程改革的方向就是个性化建设。明德基础课程校本化重构是立体的,从三个层面展开:一是课程重构;二是学科重组;三是课堂重建。本文主要谈论的就是学科重组。

要做学科重组,就要首先知晓分科教学,英国专家怀特曾经说过分科教学,他认为18世纪从经典的教育、人文的教育走向分科教育。其原因是宗教的传统——一个人为了自己能够升入天堂,需要了解天堂的结构,于是把宇宙分为数学、科学等学科。这个说法确有一定的道理,我们撇开宗教的成分,至少可以认定分科教学是科学发展到一定程度上自然产生的,它对人类认识宇宙万物和人类自身都是有积极作用的。

那又为何要进行学科重组呢?我们先看芬兰。芬兰的教育变革中就对学科分科(teaching by subject)的教学模式进行了改革,比如不分历史、地理科等,改为用主题划分(teaching by topic),例如"欧盟"主题,会教欧盟的经济、历史、地理等,跨学科的知识以主题贯串学习;又例如"餐饮服务"主题,则可教数学、语言、沟通技巧等。英国教育界人士Donald Clark评论芬兰的教育改革,认为以主题施教,更能帮助学生了解事情的来龙去脉,且因主题会与现实生活有关,让学生可学习更贴身的知识,比学科更可引起学习兴趣与动力。

传统学校中各门学科林立,好比是给学生挖的是一口又一口的学科深井,学科之间缺少关联。学科之间壁垒森严,教材编写各自为政,学科教学互不往来。于是就出现了这样的现象:看上去我们的学生学科知识学得深透,解决实际问题的能力却偏弱。其实学科之间原本就有内在的联系,比如语文和历史之间有内在的联系,思想品德和语文之间也有内在的联系,理、化、生也有内在的联系。学科重组的"整合课程"一个核心思想就是将被割裂的学科打通,让深井连成汪洋,目的在于培养完整的人。让学生着重面向丰富多彩的生活,而不仅仅是几个学科;让学生关注复杂的社会系统,而不仅仅是知识系统;让学生提高问题解决能力,不仅仅是解题能力;让学生提升综合素养,而不仅仅是学科能力,让学生形成着眼于未来的学习能力,而不仅仅是为了分数的学习。学校教育最终要回到学生身上,以人为本,以生为本,以学为本,让学习发生在学生身上,让成长发生在学生身上,让发展发生在学生身上。

中国已经决定采纳经合组织(OECD)的"核心素养"概念,核心素养将成为未来基础教育改革的总的指向,而核心素养的培养体系是一种综合取向,将由学科中心转向对"人"的全面发展的关注。各门课程的合理整合以及由此所形成的整体优势,也就形成了一个年级或学校课程体系的结构性优势。

从理论上说,一切知识、一切资源、一切方式都可以围绕学生重组,知识体系可以打破,资源范围可以延伸,方式选择可以多样。知识只有成为整体状态的时候,特别是对学生的个体有整体意义的时候,才会显示其生命力。

从实践上看,需要有比较好的切入口,需要抓手。明德初中阶段的学科重组分文科、理科,文科重组首先就是语文与历史的重新组合,语文与历史本身就有天然的联系,有道是文史哲不分家,探索从课例开始,将语文课的《石壕吏》与历史课的"安史之乱"组合在一起,要让学生理解杜甫的《石壕吏》,必然涉及安史之乱,要让学生理解安史之乱,杜甫的《石壕吏》是最生动的案例。语文课的《木兰诗》与历史课的"府兵制"组合起来,让学生理解《木兰诗》不太容易,为什么那么大年纪的人还要当兵打仗?为什么当兵还要自己买武器装备?这涉及南北朝时期的"府兵制",反过来要让学生理解"府兵制",《木兰诗》是最形象化的教材,文史互证。同样,语文课的《孙权劝学》与历史课的北宋恩荫制组合起来,语文课的《赤壁怀古》与历史课的"文字狱"组合起来。历史课与地理课也可以组合,比如克里米亚事件出来之后,历史老师和地理老师组合起来上了一课,这是历史问题,也是政治问题,还是地理问题。组合课让学生面向问题,面向社会,面向生活。

还有理科综合,地理与生物的组合教学,地理课的"雾霾"与生物课的"呼吸道"组合起来上课。其他还有数学与美术的组合,等等。

以上是内容相关的组合,还有形式相关的组合,比如戏剧组合,初中有课本剧,小学有绘本剧,戏剧实际上是将语文、英语、历史、思想品德、音乐、美术、舞蹈等课程整合在一起。

在此基础上,我们进一步探索如何形成系统的课程,文科综合我们开设了"中国文化原典阅读"课程,将历史、语文、思想品德三门课程整合在一起。当下语文课的问题是组元混乱,缺乏一个清晰明确的主线,当下历史课的问题是虽然有一条清晰的历史主线,但缺乏血肉,缺乏当时人的文学作品、思想作品的学习,当下思想品德课的问题在于孤立地进行道德教育,极易走向道德说教。我们以历史为主线,选择中国历史上对中国人产生过极大影响的且适合于学生阅读的重要作品,组合成教材,由语文老师、历史老师利用思想品德课时进行教学。这些作品是优秀的文史哲作品,因此可以说是语文课;这些作品是历史上铸就中华文化的不可或缺的作品,也可以说是历史课;这些作品是陶冶学生情操、奠定学生中华民族文化基因的关键作品,因此从这个意义上说,它又是一门思想品德课。

理科综合,我们将生物、地理、化学、物理组合起来,开设了"红树林湿地研究"课程和"海绵城市"课程,明德地处深圳市福田区,福田区有一个国家级的自然保护区,就是红树林自然保护区。湿地是地理问题;湿地有很多动物,有滩涂鱼,候鸟,招潮蟹,有很多植物,因此是生物问题;湿地人称"地球之肾",它有降解作用,所以它又是化学问题;湿地上有红树林,挡风挡潮水,这又是物理问题。四门课程组合起来,建构一门新的课程,但并不取消原来的学科,只是增加了一门面向社会问题的选修课。我们曾经实施过的初中科学课程出发点是很好的,但到最后还是以失败告终,究其原因,我以为主要有两点:一是理、化、生、地各自学科本身非常强大,不可取代;二是没有通晓理、化、生、地的老师。因此明德并不取消这些学科,仍然尊重这些学科各自的独立性,同时加开贯通四门学科的选修课。

这样组合的课程一定程度上实现学科边界穿越，我以为课程的整体优化与建设并不一定都要取消现在的课程分类和已经有的学科，特别是小学高年段和中学，学科已经非常成熟，因此课程改革的着力点是打破那些已经固定的不同学科之间界限分明的边界，是要穿越那些近乎僵化的学科与知识界限，使课程内容更加丰富多彩。使学生不仅掌握某一类学科知识，也能涉及不同学科的知识；使学生不仅有书本的经验与正式的课程资源，也覆盖各种社会的经验以及非正式的课程资源，并且使它们贯通起来。

明德小学一年级、二年级则实施主题式综合课程，架设学科通道，打通学科壁垒，将传统的语文、数学、英语、思想品德四门课程跨学科组合起来，设置为"红树林课程"，不叫"全课程"，因为事实上全不了，避免全课程定义的逻辑缺憾，更具有形象化和富有生命力，而且红树林本身具有整体的概念，也体现深圳与福田的地方特色。

我们的课程不能以"反学生"为手段，不能违背儿童的意志。我们的课程思想、课程特征就是儿童立场、亲近儿童。所谓儿童立场就是尊重儿童的主体意识，尊重儿童的思维视角，呵护儿童的心理，贴近儿童的话语方式，一句话：顺应儿童。顺应低幼学段儿童的发展特点、生活经验、学习规律，儿童认识客观事物，空间上和时间上是由近及远的纵向顺序，我们的课程教材就是按照这种顺序来编排，先是家庭，再是学校社区，春天来了学习春天，秋天到了认识秋天。儿童喜欢可亲可感的生活情境，于是我们的课程教材就把自己学校的同学、自己学校的老师和校园放进去。儿童喜欢生动可爱的形象故事，我们的课程教材就把大量的绘本故事放进去，而且我们的教材几乎每一个页码都有形象。

编写策略主要是课标为纲，以课程标准为指南，体现国家意志。瞻前顾后就是要充分考虑到与幼儿园、与三四五年级的衔接，左顾右盼就是学习借鉴国内、国外各种版本的教材，博采众长。

一年级的"红树林课程"主题，由"我"到"我的所在"，再到"我的成长"。

主 题	上　　册	主 题	上　　册
1	快乐的我	1	春天来了
2	甜蜜的家	2	我爱阅读
3	我的乐园	3	我是好孩子
4	身边的动物	4	一起成长

二年级"红树林课程"的主题：由"我们"到"我们的交往"，再到"我们的情感"。

主 题	上　　册	主 题	上　　册
1	我们的社区	1	我们的节日
2	秋天	2	我们的情感
3	感恩在我心	3	我们的家园
4	动物朋友	4	我们爱科学

从一年级到二年级我们可以看出基本的序列，由"我"到"我们"，一年级最后一个主题是"一起成长"，由"我"过渡到"我们"。有自然环境（春天、秋天），有家庭环境（家），有学习环境（学校），有社会环境（社区）；有与他人的交往（感恩在我心），有与自然的交往（动物朋友）；有孩子的兴趣爱好（爱阅读，爱科学），有孩子的情感（我们的情感）。

教学的时候，有的是兼顾，一科为主，兼顾其他；有的是融合，思想品德完全融合于主题之中；有的是结合，主题教学与活动结合。每月有一个大型活动，比如个性橱柜的设计活动、钟面设计的活动、英语周活动、玩蛋活动、帽子秀活动、树叶创意制作活动，每一个活动都与课程内容所学息息相关，将学科知识融会贯通在活动之中，将学科知识变成解决问题资源。

学科重组在明德刚刚起步，需要在过程中不断总结、不断研究、不断完善。

（《未来教育家》2016－4，发表时题目改为《世界是学生的教科书》）

明德课改项目设计的五种意识

明德实验学校引进企业化的管理方式,将课程改革具体内容逐一项目化,通过这种方式,让每一位教师都参与课程改革的具体项目,同时也通过这种方式发现并培养一批有领导能力的骨干教师。9月份每周五下午的教师会议就由每个项目组的负责人汇报项目设计方案,我作为校长做了相关点评。我以为在项目设计过程中至少应该确立五种意识。

第一,问题意识。包含两个意思。一是对研究的对象、内容要有问题意识,也就是说针对什么问题来研究,课题本身的含义要非常清楚。全国400米纪录保持者、广东省"五一劳动奖章"获得者王梁宇老师申报的项目是《学校田径运动的有效实施》,他反思中考体育,反思竞技体育,反思田径训练方式,反思目前田径课程现状,对问题的分析非常到位,从东亚人与欧美白种人、非洲黑种人的对比,到小学、初中、高中学生运动特点、运动兴趣的对比,横向、纵向对比,把问题谈透。二是对项目实施要有问题意识,也就是预估研究过程、实施过程中将会遇到什么问题,如何去解决,要想好对策。

第二,他者意识。包含两个意思。一是研究他者理论,研究国外的成果,研究他人的成果,寻找参照系,参照别人的研究成果,进行自己的研究,这就是一种他者意识。英语老师张岩的项目是《初中英语分层教学》,她的开题好就好在研究了国内外分层次教学的相关理论;英语老师陈玉云的《小学英语彩虹阅读》,也研究了美国英语阅读教材的演变过程,从中寻找规律。二是研究他者的实践经验,张岩老师还研究了我们明德的美国合作学校伍德·沃德学院的分层教学实际,对照理论、对照他校的实际,设计我们自己的分层次教学。

第三,目标意识。包含两个意思。一是明确到底做什么,研究什么。学校的课程改革不是一蹴而就的,我们希望老师做的是一个长久的项目课题,我把上海的王天蓉老师请来给大家作讲座,就是让大家明白一个课题可以做一辈子。既然是长久的课题,就要做好充分的前期假设,到底研究什么,到底做什么,这也是一种目标意识。二是明确每个阶段做什么。项目实施分几个阶段,阶段性的目标是什么,至少做三级目标,这就是前期假设,就是顶层设计。虽然我们在今后的实施过程中还会发生变化,但现在想清楚了,下一步的研究阶梯就有了,研究的纵深梯度就有了。目标必须具体化,项目起始阶段的工作设计得越具体越好,否则工作无序,效率就不高。具体到事项,具体到时间,也就是具体到每个阶段干什么,甚至每个月做什么,每周做什么。聂晓雯的《小学语文课堂模型建构》开题讲得非常具体,一级分类、二级分类,课型如何,涉及哪些教学要素,探讨的具体课题,实现途径,具体负责教师,项目推进的年度计划,每周的研讨计划,都有非常清晰的设计,这样做起来就会很清晰,效率大大提高。

第四,作品意识。包含两个意思。一是教师作品,也就是说教师做研究要有作品,比如一篇论文,就是把你的研究成果撰写出来;又如上一堂像样的研究课,并且把它整理记录下来,即课堂实录,再做分析点评。二是学生作品,学生在教师的指导下也能造就作品,尤其是科学课程,莫骏博士领衔的"海绵城市设计"项目,是在"湿地研究"项目基础上进一步的深化,产品就是蓄水池,虽然不能做得很大,但做几个微作品还是可以的,我们六楼屋顶上完全可以按照课题项目的要求做几个,在做的过程中学生将收获很多;陈华老师的"明德创客"项目更可以让学生做出作品来,比如机器人等。

第五,成就意识。包含两个意思。一是建立明德标准,成就首先体现在建立标准上。王梁宇老师提出的在国家中小学生体育锻炼标准的基础上建立明德学生的体育锻炼标准,也就是说国家体育锻炼标准没有的,我们自己补充,这是很好的想法,其他学科的老师也可以参照,我们能不能建立明德自己的学科标准,从明德走出去的明德学生他们应该有怎样的数学标准,从明德走出去的明德学生他们身上应该具有怎样的语文素养,他们的谈吐、他们的话语方式、他们的诗词歌赋、他们的遣词造句,等等。这个标准是非常豪迈的,堪称成就。二是学生成长,成就体现在学生的提升上。我们做项目更加重要的成就是学生变化,我们的标准是为了改变、提升学生的,学生素养的大幅度提高才真正堪称成就。为了促进学生的变化,王梁宇老师还提出了一个概念叫"运动处方",给每个学生设置运动处方,这个提法非常好,事实上就是针对学生的个性问题,提出个性化的解决方案。其他学科也可以学习借鉴,数学老师给每位学生开出属于这个孩子的数学学习处方,即数学学习方案,这就是差异化教学;语文老师也可以给每个学生开出语文学习的处方,如阅读处方、写作处方、实践处方,等等。

  我说每一个教师就是领导者,你至少领导了许多学生,一个项目的负责人更是领导者,不但领导学生,而且领导教师。作为领导者要有基本的素质:一是想得清楚,二是说得明白,三是做得出来。而做得出来是最为关键的,结果很重要,如果做不出来,那么很显然想也是白想,说也是白说。

(《上海教育》2015 年 11A)

明德课程德育

我们一般喜欢说德育课程,也就是用于道德教育的专项课程,比如小学有思想品德课,初中也有思想品德课,不能说这样的课程没有作用,但在现实当中,一门课程全部是用于道德教育的,无论如何,总免不了道德说教的嫌疑,时间一长,实际教育效果就会大打折扣。所以我一向以来主张所有的课程都应该关乎德育,德育渗透在所有学科教学之中,教学与德育水乳交融,不刻意回避道德教育,也不刻意施行道德教育,而是在学科教学的过程中自然穿插道德教育。因此我更愿意说课程德育,课程里面应该自然有德育。

研究美国人的语文教材,发现他们的课程与德育息息相关。这里权且以中国妇女出版社2008年翻译出版的一套美国语文教材为例。

美国语文教材选材第一标准是历史意义,教材里汇编了以下一些文章:

哥伦布的《第一次美洲航海日志》;
美洲土著之一的昂昂达嘎族的《龟背上的土地》;
黑奴欧拉乌达·艾库维阿诺讲述的奴隶的"有趣的故事";
约翰·史密斯的《弗吉尼亚通史》;
本杰明·富兰克林的《富兰克林自传》;
托马斯·杰弗逊的《独立宣言》;
美国革命时期最有力的演说家帕特里克·亨利的《在弗吉尼亚州大

会上的演讲》；

亚伯拉罕·林肯的《葛底斯堡演说》；等等。

这些都是在美国历史上产生重大影响的重要人物的重要作品，很显然美国语文教材的选材是把历史意义摆在第一位。

美国语文教材选材的第二标准是文学代表性，教材里汇编了以下文章：

埃德加·爱伦·坡的小说《厄舍府的倒塌》；

拉尔夫·沃尔多·爱默生的《自然》；

亨利·大卫·梭罗的《瓦尔登湖》；

马克·吐温的《密西西比河上的生活》；

约翰·斯坦贝克的《龟》；

欧内斯特·海明威的《在另一个国家》；

凯瑟琳·安·波特的《被遗弃的韦瑟罗尔奶奶》；

詹姆斯·瑟伯的《幽灵进来的那一夜》；

伯纳德·马拉默德的《前七年》；

约翰·厄普代克的《棕色的大箱子》，等等。

美国语文教材的编写体例是以美国历史的发展为线索：

从美国的土著到 1750 年是"文明的交会"；

从 1750 年到 1800 年是"国家的诞生"；

从 1800 年到 1870 年是"国家的发展"；

从 1850 年到 1914 年是国家的"分裂、和解与扩展"；

从 1914 年到 1946 年是人民的"不满、觉醒与反抗"；

从 1946 年至今是国家的"繁荣与保护"。

看来美国语文教材的取材和中国语文教材是不一样的,为什么如此选择教材?为什么如此编辑教材?中国的语文教材选择的是所谓文质兼美的文章,而美国语文教材特别注重社会历史意义;其教材内容顺序也是按照美国历史发展顺序,就是将语文学习和历史学习完全融合一起;单元的体例所用的主要概念是"国家""人民""文明",就是将学生个人成长和国家发展联系起来。这样一种教材编写思路背后的逻辑是什么?我以为这是因为他们认为一个共和国的合格公民必须知晓在共和国的历史上曾经产生过重大影响的重要文章,将学生与"国家"紧密联系起来,与"人民"紧密联系起来。支撑这种编写思路背后的思想是什么?我以为这就是一种全人的教育思想,这种思想主张培养完整的人,通过教育教学使人在身体、知识、技能、智力、道德、精神、灵魂、创造性等方面得到全面发展,发展健全的人格,是人格本位,而不是学科本位。所有的学科都要承担道德教育的责任,这就是他们的德育,与课程相伴相随的德育,而不是孤立的德育,这样的思想主导了他们的教材编写方式。

无独有偶,2012 年 6 月暑假将至,美国的国家图书馆——国会图书馆以"塑造美国的图书"(Books That Shaped America)为题,发布了一份包含 88 部作品的书目,并开辟展区。这些书目体现美国的主旋律,别具一格,如国会图书馆馆长詹姆斯·毕灵顿所言,入选作品并非坊间常见的"最佳",相反,其中许多书都曾极富争议,但都是对美国国民产生过巨大影响的作品。

由此看来,用图书塑造美国公民是一个共识,国会图书馆向社会各界,包括教师、家长推荐书目,最终是为了向学生推荐这些书目,让学生阅读这些塑造了美国国民精神的著作,目的非常明显,就是要以此滋养美国的学生,以此影响学生的人格塑造。

法国有位非常著名的诗人阿尔蒂尔·兰波在与另一位著名诗人维尔伦舌战时,脱口而出:"你是知道怎样写诗,但我知道为何写诗。"比照他的说法,作为教师,我们有必要自问:我们知道吗?我们到底为谁设置课程?我们为什么设置课程?我们的课程该怎样编写?支撑我们教材编写的逻辑是什么?我们为什么要设置孤立的德育课程?为什么我们的学科课程不应该体现德育意义?支撑我们教育教学的根本思想是什么?我们到底教给孩子什么东西才有价值、才有文化?怎么教才有文化?阿莱克斯·斯坦迪什说:"教师是教师,不是教学技师。教学不仅仅是一门技术,还需要教学理论、哲学、文化的支撑。……教学不能被简化为科学。我们选择什么教给学生以及如何去教,部分的是道德问题。"教材内容的选择和教材编排本身就是道德问题,学科教学就应该自然融汇德育的基本元素。

仿照《美国语文》教材的编写方式,深圳明德实验学校编写了"中华文化原典阅读"课程教材,我们的章节编排如下:"礼在明德""远古回声""歌诗言志""至圣先师""春秋战国""外交纵横""人性善恶""道法自然""变革兴邦""大秦帝国""破釜沉舟""史家绝唱""丝绸之路""科技之光""雄才大略""鞠躬尽瘁""家风垂范""魏晋风度""归隐田园""文化大同""忠言直谏""盛唐气象""诗坛双星""民生疾苦""佛教隐逸""文人品节""豪放乐观""变法图强""精忠报国""格物致知""廉洁奉公""明心见性""宦官之祸""天下兴亡""盛世危机""外侮国殇""天国救世""西学东渐""民族希望""革命先烈""新民之路""国民觉醒""建国大业""人民当家""自由人格"。这样的编排,整体是中华文化的历史脉络,也就是中华文化的基本精神。我们选材的依据就是在中国历史上对中华文化精神产生过重大影响的重要作品,而且是适合学生阅读的作品,诸如《夸父逐日》《女娲补天》《黍离》《蒹葭》,诸子百家,《战国策》《史记》里节选精华文章,曹操的《观沧海》、诸葛亮的《出师表》、颜之推的《颜氏家训》节选、《世说新语》节选,陶渊明、李白、杜甫、司马光、王安石、苏轼、辛弃疾、岳飞等人的作品,等等。按照史纲为线索,依次下来,直到梁启超、鲁迅、李大钊、胡适等人的文章。我们的目的就是通过让中国的学生阅读中华文化的精神典籍,奠定他们作为中国人的中华文化基因。我们赞同学生应该有世界眼光,但他们首先需要具有中华文化的基因,这些中华文化原典原本就脍炙人口,在漫长的中国历史上对造就中华儿女的价值观念、道德伦理、精神气质产生过重大的影响,本身就是很好的德育教材。我们就以思想品德的课时来安排教学,由语文老师、历史老师来执教。这门课程的学习打破应试教育的学习方式,不再是雕虫小技的题目训练,不再是寻章摘句的功利化学习,而是代之以更高境界的精神探究、价值思考,涵泳咀嚼、批判吸收的兼容并蓄。

课程的问题是文化的问题,有什么样的文化层次,就会有什么样的课程品位;课改的问题归根结底是文化再造的问题,课程本质上不是"价值中立"的,不是一种纯粹的知识活动,不是一种简单的知识选择,不是一种单纯的知识组合;课程本质上一定是具有"价值参与"的,体现作为教师的一种价值判断,体现教师的一种价值赋予,体现教师作为一种文化主体的文化自觉。

(《今日教育》2016-6)

思想从哪里来
——明德《西方思想文化名著选读》序

2016年,教育部颁发了《中国学生发展核心素养》,其内涵主要是指学生应具备的、能够适应终身发展和社会发展需要的必备品格和关键能力。核心素养是关于学生知识、技能、情感、态度、价值观等多方面要求的综合表现,是每一名学生获得成功生活、适应个人终身发展和社会发展都需要的、不可或缺的共同素养。中国学生发展核心素养以培养"全面发展的人"为核心,分为文化基础、自主发展、社会参与三个方面,文化基础分为人文底蕴、科学精神,其中人文底蕴包括了人文积淀,科学精神包括了理性思维和批判精神;自主发展包括了勤于反思;社会参与包括了创新精神。核心素养的三大方面都与学生主体思想有着极大的关联度,也就是说学校教育要培养学生的核心素养,就必须培养学生的思想能力,那么作为教师我们自然要追问学生的思想从哪里来?其实也就是追问人的思想从哪里来?

记得毛泽东同志曾经写过一篇文章《人的正确思想是从哪里来的?》,他提道:"人的正确思想是从哪里来的?是从天上掉下来的吗?不是。是自己头脑里固有的吗?不是。人的正确思想只能从社会实践中来。"毛泽东同志是从人类思想的根本来源来论述的,是从总体上说的。

我从教育的角度理解,就每个个体成长的过程而言,人的思想是从思想中来的,其含义有二:一是把思想作为名词来理解,二是把思想作为动词来理解。作为名词来理解,指的是人的思想首先是从别人的思想中来,即从学习人类文明史上重要的思想成果而来的,这一点是基础。没有学习前辈的思想,是不可能有自己的思想的。我们常说创新,创新的第一步就是要继承,如果我们连世界纪录都不知道在哪里,凭什么说我们破了世界纪录?学习人类文明史上经过历史检验的重要的思想成果,这是不可或缺的重要环节,是基础环节,尤其是对学生而言,这也是《中国学生发展核心素养》所提到的人文积淀的基本要义。于是我们明德学校让学生学习古今中外的思想名著,从中国的名著开始,再到西方的名著,明德从初中开始开设了"中华文化原典阅读"课程,一直开到高中,明德高中开设了"西方思想文化名著选读"这一选修课程,它和"中国文化原典阅读"是姊妹篇,异曲同工,殊途同归,都是为了让学生学习人类文化思想。"西方思想文化名著选读"精选了从苏格拉底、柏拉图、亚里士多德开始,到伏尔泰、卢梭、马克思,我们选取的基本标准是他们著作当中有影响而且适合高中生阅读的相关篇章,我们节选的篇章虽然篇幅有限,但至少让学生了解一些伟大人物的基本思想,好比给学生一个向导,一个思想的向导,让他们知道在人类文明史上,这些人物曾经产生过重大的影响,他们的思想至今仍然是人类的财富,也是学生思想成长的精神养料,今后如果需要并且有兴趣继续往下学习的话,有了一个很好的路径。西方发达国家,比如美国给中学生开出的阅读书目,就包括了许多著名思想家的文化名著,引导学生阅读,其目的也在于此,只不过他们的开放度还不够,没有涵盖那么优秀的中国思想著作,这不能不说是一个遗憾。

作为动词来理解,指的是学生在学习过程中要学会思想,即学会独立思考,这也是我们明德学校创设这门课程的目标所在。从这本教材的编写体例来看,也体现了这样的指导思想。每个章节介绍一位著名思想家,"趣味导读"不但是激发学生的学习兴趣,更重要的是启迪学生从生活细节去理解人的个性特征。"拓展延伸"更是直接对作者也就是思想家本人做精要的介绍,做思想的阐述,让学生深入理解其思想。"思维纵横"看似思考练习,其实完全有别于传统教材应试教育的那套练习题,不再是机械的记忆和低层次的技能操练,而根本就是文化的积淀与思考,一种题目就是把文章中最经典的名句列出,让学生反复熟读,然后让学生说说体会——此为吸收;一种题目就是提供多种思考角度,多种可能,多种观点,甚至对立的观点,让学生谈自己的新想法,锻炼学生的批判性思维——此为辨析;一种题目是给出一定的情境让学生根据刚刚学过的或者之前学过的经典,给出判断,给出思考,给出说法,给出建议——此为灵活运用。法国高中生的哲学考试,几乎每一年的考题都涉及有关思想名著的理解、辨析、批判、运用,这值得我们学习借鉴,其实我们的初衷就是让学生在独立思考中学会思考,也就是在思想中学会思想。

(《上海教育》2017-10A)

明德"彩虹阅读"计划

阅读的重要性已经成为大家的共识,如何在学校实现有效的阅读教育则是我们必须认真研究探讨的课题。深圳明德实验学校在语文和英语学科实施"彩虹阅读"计划,所谓"彩虹阅读",就是基于学生差异而采取的一种分时、分类、分层的阅读组织方式,之所以命名为"彩虹阅读",就是因为阅读内容、阅读组织方式是种类多样、丰富多彩的,就如彩虹一般色彩丰富。分时阅读,即根据读物内容、形式特征,让学生不同时段读不同的读物,相当于必修课;分类阅读,即根据学生兴趣爱好差异,让学生读自己喜欢的、感兴趣的读物,相当于选修课;分层阅读,有两种情况:一种是根据读物的数量、难易,同年级学生读不同的读物,相当于分层教学;一种是根据学生实际阅读水准,让学生自由跨越级部阅读,相当于跨年级上课。明德"彩虹阅读"计划的基本思想就是阅读必须以学生为本,让学生读适合自己的读物。从纵向看,按照学生认知规律、年龄特点设定阅读目标、提供阅读读物;从横向看,抓住学生个性特点制订具体的实施方案。

欧美国家早在19世纪就开始有人提出分级阅读的教育理念,后来人们开展了相关的教学实验,根据不同学生的不同阅读水平选择难度不同的阅读读物,分级阅读的思想及实施经验逐步为广大学校教师、学生所接受,至今已形成几种代表性的阅读分级标准体系,包括:发展性阅读评估分级体系(Developmental Reading Assessment Levels);蓝思分级阅读测评体系(Lexile Framework);指导性阅读分级体系(Guided Reading Levels);年级和基础分级体系(Grade Level Equivalent & Basal Level);阅读能力等级体系(Degree of

Reading Power，DRP）。我国外语教学与研究出版社也集合北京师范大学、北京外国语大学研制了"外研社英语分级阅读体系"。这些体系虽然有各自不同的特点，但其实质都是让学生根据实际阅读水准阅读不同的读物，循序渐进地提升学生阅读水平。

深圳明德实验学校具体如何实施"彩虹阅读"计划，不妨以语文为例说明。语文"彩虹阅读"计划实施的基本原则是：中外文学兼顾，文史政治兼有，泛读精读结合，梯次分别上升。所谓中外文学兼顾，指的是阅读选材上必须以中国文学为主，兼顾外国文学，尤其是经典的外国文学，以开阔学生的视野。所谓文史政治兼有，指的是选材除了兼顾中外文学之外，还要顾及历史、政治，体现文史哲不分家，体现语文是文化。所谓泛读精读结合，指的是阅读方式上既要有精琢细磨的精读，也要有泛泛而读的浏览，既要有深度，也要有广度。所谓梯次分别上升，指的是所选读物难度的梯次上升，学生阅读能力的梯次上升，实现这个目标很不容易，主要原因和解决问题的方法如下：

首先是读物的编写梯度，这个难度系数比较大，美国阅读专家 Fountas 和 Pinnell 研制的阅读分级体系是按照字母 A 到 Z 的顺序，将读物分为 26 个级别，A 级为最低级别，表示读物难度最低；Z 级为最高级别，表示读物难度最高。在对读物进行分级时，主要考虑读物的词汇难度、句子长度、字体和排版、主题、语言结构等维度。我们明德从可操作的角度讲，有两个维度可以考虑，一是读物本身的字数多少，只能说在一般情况下，字数少，容量小，放在低段阅读；字数多，容量大，放在中高段阅读；二是读物难易程度，包括：文章中人物的多少，人物之间关系的复杂程度，事件的繁复程度，情节的复杂程度，语言文字的艰深程度，主旨的深刻程度，表现手法的多样性、复杂性，等等。这些比较难以把握，主要方法还是依据教师自己的阅读感受来加以判断，同时可以参照教材，参照现有的教辅，参照现有的分级阅读出版物，根据自己的阅读经验判断难易。

其次是阅读的梯度，也就是我们设定的阅读目标应该有梯度。阅读目标我们可以从感知吸收、理解鉴赏、写作借鉴三个方面来设定。感知吸收，其能力目标包括：筛选提取信息、直接推断；其呈现方式包括：圈点勾画、眉批旁批、摘录吸收。理解鉴赏,其能力目标包括:综合并解释篇章、评价篇章内容和表达形式;其呈现方式包括:读后感、小评论、课堂交流。写作借鉴,其能力目标主要依据课程标准或评估理论来设定,主要是在充分理解范文的前提下,学习模仿范文的写作方式,准确合适地表情达意;其呈现方式包括:仿写、扩写、续写、改写。

实施操作,则实现分时阅读、分类阅读、分层阅读。

分时阅读,相当于必修课,根据读物内容、形式特征,让学生不同时段读不同的读物,先分年级年度,同一年度分月,形式上每两个月以颜色区分,即两个月有一个标志性的色彩,依次下来,赤橙黄,青蓝紫;而两个月之间还可以颜色深浅区分,比如一二月份都是赤色,一月浅一些,二月深一些。内容上的差异主要是指年与年之间、月与月之间学生读物的难度系数是梯次上升的。如果一个学生的级别为2.3,那就代表他的阅读水平为常模中50%的学生在2年级第3个月时的阅读水平(一般每年的9月为一个学年的开始)。学生阅读时的差异主要是指学生阅读能力的梯次上升,即教师设定的阅读目标是逐次提升的。

分类阅读,相当于选修课,根据主题(题材)、体裁的不同,学生选择自己感兴趣的读物阅读。第一是分主题(题材)阅读,比如可以将主题定位学校、家庭、自然、社会,每个大主题之下又可分小主题,比如自然可以分为植物、动物、山脉、河流、天体等,社会可分为经济、政治、军事等。第二是分体裁阅读,以小学为例,可分为蒙学读物、古代诗词、童话、儿童故事、绘本、儿童文学、历史故事、校园文学等;以中学为例,可分为诗词、散文、小说、戏剧、人文社科、自然科学等;当然还可以从国别、时代、作者等方面更具体地分类。一种体裁的阅读可以整体设计,以故事阅读为例,读故事、说故事、写故事、评故事,最后出版孩子们的好故事。

分层阅读,就是根据学生实际阅读情况和阅读能力,阅读能力强的学生可以在同一年度跨月读书,比如三年级学生9月份可以读三年级12月份的规定读物;更为突出的学生可以跨级阅读,三年级学生可以跨级读四年级、五年级的规定读物。

明德语文教师的工作任务一是编写《明德彩虹语文读本》电子版，电子版的好处是减轻书包重量，便于修改生成。编写要求：内容到年级、到月份，文字由少而多，文章由浅入深。编写体例要求是：两月一色彩，单月一主题，双月一体裁。两月一色彩指的是两个月有一个标志性的色彩，依次下来为赤橙黄，青蓝紫，体现彩虹特色。单月一主题，指的是两个月内单月以主题区分，一个月一个主题。双月一体裁，指的是两个月内的双月以体裁区分，一个月一种体裁。选材途径主要有：中外教材、名家编辑的学生课外读物、适合学生阅读的获奖作品、名家推荐的作品，等等。

二是做好"彩虹阅读"计划的教学安排，"彩虹阅读"的教学安排要系统设计，可以分成三个环节：课前诵读，一天一首（节）诗词，或一天一段文章；课中阅读，一周一篇文章，或两三篇文章；课后泛读，一月一书。一般情况小学三年级以上的学生应该开始读整本书了，当然书也有字数多少，绘本书字数一般比较少，小学三年级开始读书，读的是字数较少的书。

三是做好学生阅读评价。美国发展性阅读评估（DRA）考试分为四个部分：阅读融入度（Reading Engagement）、朗读流利度（Oral Reading Fluency）、理解力（Comprehension）、连续性和专注力（Continuum/Focus）。对于 DRA 等级比较低的学生考试，这四个部分必须在一次考试当中完成；对于等级较高的学生，不同部分可以分不同时间完成。阅读能力等级体系在北美许多地方使用，他们的测试形式是为学生提供多篇不同话题的文章，文章中部分单词设置为填空选择，由学生选择符合语境的单词，涉及的所有单词选项均为学生熟悉的高频词汇，我们可以借鉴以上这些方式。同时，阅读评价的方式一定要多样化，过程性评价与终结性评价结合，以过程性评价为主；过程性评价的方式也要多样化，读写结合，以读为主；读的方式多样化，可以是默读，可以是诵读，可以是演讲，可以是辩论，可以是表演；写的方式也多样化，可以是旁批，可以是续写，可以是读后感，可以是评论。

[《未来教育家》2016（2-3）]

把社会打开,让学生进来

美国教育家、哲学家杜威认为,教育就是儿童现在生活的过程,而不是将来生活的预备。最好的教育就是"从生活中学习""从经验中学习"。他主张"学校即社会",其含义有两点:一是学校本身必须是一种社会生活,具有社会生活的全部含义;二是校内学习应该与校外学习连接起来,两者之间应有自由的相互影响。中国教育家陶行知在杜威的基础上进一步发展,他主张"社会即学校",在陶行知看来,教育和生活是同一过程,教育含于生活之中,教育必须和生活结合才能发生作用,他主张把教育与生活完全熔于一炉。陶行知认为,在"学校即社会"的主张下,学校里的东西太少,不如反过来主张"社会即学校",教育的材料,教育的方法,教育的工具,教育的环境,都可以大大地增加,学生、先生也可以多起来。"整个社会的运动就是教育的范围,不消谈什么联络而它的血脉是自然相通的"。"社会即学校"的根本思想是反对脱离生活、脱离人民大众的"小众教育",主张用社会各方面的力量,打通学校和社会的联系,创办人民所需要的学校,培养社会所需要的人才。真正把学校放到社会里去办,使学校与社会息息相关。

过去我们说教科书就是学生的世界,学生是读书的,读来读去就是读教科书;今天我们说世界是学生的教科书,学生应该面向生活,面向社会,面向世界。一方面学校应该带着学生走向社会,走向生活,另一方面社会应该向学生打开,应该接纳学生,应该积极主动地为学生成长服务。

教育的真谛在于人的个性化与社会化的和谐统一,无论是学生的个性化成长,还是学生的社会化过程,既离不开学校教育,更离不开社会教育。让学生走向社会,参与社会实践活动,理解社会生活,找到自己的人生坐标,做好职业生涯规划,以适应未来社会对人才的基本要求,这是成人世界为学生应尽的职责。

社会向学生打开,应该是全方位的打开,包括政治领域、科技领域、军事领域、文化领域、工业领域、农业领域,凡是有益于学生成长的社会资源都应该成为学生成长的教育资源。

政治领域的打开。笔者担任过人大代表,也担任过政协委员,曾提交了一份关于"把社会打开,让学生进来"的提案,如果将我国各级人大、政协的会议及相关活动向中小学生开放,从而带动社会各界向中小学生开放,让社会向学生敞开。各级人大、政协会议既是人大代表、政协委员参政议政的场所,也是绝好的教育资源。与会者都能充分感受到从各级政府到人大代表、政协委员身上洋溢的积极、热情、向上的力量,大家群策群力,集思广益,为新一轮的发展贡献智慧,涌现了很多真知灼见。这对教育学生热爱祖国,积极关心国家大事,积极关心社会发展,具有非常重要的意义。国内许多地方的政协会议、人大会议都没有邀请中小学学生列席参加的做法,这对学生来讲就是浪费了很好的学习机会,浪费了让学生走进人大政协、关注政治并养成参政议政习惯的教育资源。

有的地方人大、政协有很好的开放传统。比如有的设置了"人大代表议事厅""政协委员议事厅",这是关注政情、社情,汇集民智、民意的很好的办法,也是开放人大、政协的很好办法,深圳明德实验学校的学生就曾经参加过"关于保护红树林"的"政协委员议事厅"活动,孩子们纷纷表示,活动很新鲜,很有意思,让他们直接感受到参政议政的氛围和自己作为国家主人的责任意识。

事实上,国外许多国家早就有向市民开放、向中小学学生开放的先例,比如澳大利亚、英国、挪威、芬兰等国,都起到了很好的教育效果。如果社会生活是开放的,象征着国家的各个层面的最高级别的政治会议向学生开放,不仅仅是教育本身的意义,而且具有造就开明政治生态的意义。

笔者建议全国各地的人大、政协可以开展诸如"人大代表议事厅""政协委员议事厅",每次议事都特邀中小学生参加。根据每一次议事主题的内容,邀请不同的学生参加,以活动的适切性和关联度为基本原则,适合高中生的就请高中生参加,适合职校生的就请职校生参加,适合小学生的就请小学生参加。

人大代表、政协委员下基层、做调研的活动,每一次特邀中小学生参与。中小学生原本就不能整天关在学校内,两耳不闻窗外事,一心只读圣贤书,这样教育出来的孩子只能是书呆子,高分低能,不能面向生活,不能直面社会。特别是中学生必须走进社会、调查社会、了解社会,实际承担这种对他们来讲是必需的学习任务。如果是人大代表、政协委员带领孩子们搞调研,更有一种正式感、庄严感、严肃感,他们能实际感受到自己的责任。

除涉及国家机密之外,人大、政协会议的相关环节基本上都可以向学生开放。人大主任、政协主席的报告可以向中小学学生开放,让学生了解我们国家、地方政府的基本宗旨、基本目标、基本活动方式。省长、市长、县长的报告可以向中小学生开放,让学生了解自己的省长、市长、县长在想什么、做什么,了解整个城市的发展成就以及今后的基本发展思路。人大、政协的大会发言可以向中小学生开放,可以让学生们感受到他们的父辈们、祖辈们是怎样以积极的热情参政议政,并了解到各个行业、各个领域的最新发展动态。人大、政协的小组讨论可以向中小学生开放,可以让学生感受长辈们是怎样分析问题,怎样积极建言献策的,这是最好的爱国教育。

人大、政协带头向学生打开,将带动政府向孩子打开,比如政府机关面向学生打开,让有兴趣了解政府治理方式的学生,走进机关,走进街道,走进法院,走进检察院,了解政府机关的运作方式。

科技领域的打开。学校教育培养未来科技人才,科技人才的培养单靠学校教育是远远不够的,学校教育受到各种客观条件的限制,比如师资的限制,基础教育学校一般不具备一流的科学家,不可能真实地、完全地再现科技实验的现场,不可能让学生参加真实的前沿的科学实验研究。笔者曾经到过美国加州理工学院JPL美国宇航空气动力研究所,十分惊讶地发现他们以项目为单位的研究团队居然吸纳了高中生参与,他们的团队负责人告诉我们:"吸纳对相关项目有浓厚兴趣的优秀的高中生参与研究,这是最好的培养未来科学家的方法。整天和科学家在一起,参与讨论,面对问题,学习科学家的思维方式、研究方式,虽然高中生的知识水准还有许多不足,但同时他们也少了许多束缚,或许在参与讨论研究的过程中,他的一个想法就成了一个点燃创意的火花,对整个团队的研究也会产生积极的作用。"

深圳明德实验学校依托腾讯资源,一方面领着学生参观考察腾讯最先进的动漫设计工作现场,一方面邀请相关工程师为学生开设了"编程的艺术""游戏策划""Unity 3D 编程",由一线经验丰富的创意设计师亲自指导明德学生实际操作。深圳明德实验学校有一系列的科技活动,例如带着学生走进万科,跟着万科学习建筑设计;带着学生走进大疆公司,让学生考察无人机的研制,进而开设航模课程,邀请中国航空动力技术专家刘大响院士给学生作相关报告;带着学生走进联通,走进微软,走进深圳电力调度大厦,走进大亚湾核电站,走进深圳气象台,参观考察,学习探究。至少为学生开阔了眼界,至少让学生了解了科技前沿的发展概况。

当然,我们期待更多的科技团队向学生打开,向学生深度打开,不仅仅是接纳学生走马观花式的参观考察,不仅仅是做一个报告,还应该让学生实际走进实验现场,实际参与相关的研究实验,深度介入,将对学生产生深度的影响和更加积极的作用。

农业领域的打开。城市的孩子越来越城市化,他们远离农村,远离土地,远离自然,远离农作物。虽然现在高中学校也有学农的要求,但由于各种各样的原因导致城市学生很难走进农村,他们更多的是在专供学生学农劳动的专用场地进行所谓的劳动,象征的意义大于实际的意义,因为集约化地接待一批又一批的学生学农劳动,导致专用农场常常根本无农活可干,甚至连草都无处可锄,这与其说是学农劳动,不如说是换一个地方的集体活动。而且这种伪学农劳动,最大的弊端是根本没有走进真实的农村,没有走进真实的农家,没有走近真实的农民,不知道农民的甘苦,不知道农民的生活,不知道农民与土地深深的情感联系。

深圳明德实验学校利用暑假带着学生走进贵州侗乡侗寨,到海南中部大山深处,去参与劳动,去感受生活,去实际体验,去与农家的孩子谈论彼此的生活,去畅想未来的生活,去向农家大嫂学习织布,去向农家大爷学唱侗歌,去向橡胶农工学习割橡胶,去到水稻田里学习插秧,体验农民的生活,收获满满的感动。

军事领域的打开。更确切地说是军营的打开,现在学生也有军训活动,但军训基本上不是在军营里进行的,或许是军队有军队的规范,或许军事重地还有保密的要求,总而言之,军营不向学生开放,这就导致学生的学军活动更多的是走过场,是隔靴搔痒,因为学生不在军营就无法感受军营的氛围,就无法真正体会到军人的生活,就无法完全理解军人的气质,因此无法产生较好的学军效应。

其他还有工业生产领域、文化领域、商业领域,等等,都应该向学生打开。

中华民族历来都有重视教育的传统,但不能只是重视学校教育作用而忽视社会教育的作用,如果社会的许多部门因各种客观原因、各种主观理由、各种借口,都对学生关闭,其结果直接影响学生的成长。封闭的空间将导致学生孤陋寡闻、眼界狭隘;开放的空间将导致学生耳聪目明、眼界大开。封闭将导致封闭的个性,开放将造就开放的人格。

(《人民教育》2017－1)

翻过那座山峰，你就到了

每个有想法的人，其内心深处都应该有一座山，教育其实就是让每个学生的心中都矗立一座座高山，教师的职责就是陪伴学生去翻山越岭，最后目送学生走向一座座新的山峰。

2015年暑假我们明德实验学校带着六十几个初中学生志愿者，前往贵州山区。从深圳北到广州南，短短的二十多分钟。从广州南到广西桂林再到贵州从江，长长的四个多小时，六十几张票只有十张票是坐票，其他都是站票。从江到黎平，黎平再到铜关，两个多小时的盘山公路，一路颠簸，像是坐农用过山车一般，期间有多个学生的尿都要被抖出来了！最后抵达贵州黎平县铜关镇侗族村寨。一大早从学校出发，晚上到达铜关，长途跋涉一千余公里。山区第一课，结结实实！

古人云：读万卷书，行万里路。我一直主张把学校打开，让学生走向社会，走向农村，走进山寨，走的过程就是教育的过程，就是学生生长的过程。第二天开始的农活又是出乎学生的意外，如果说"头顶斗笠，腰挎竹篓，手持锄头"的装束还有几分新鲜好玩，但五六公里的蜿蜒崎岖山路倒是让学生见识了大山，山势陡峭，羊肠小路，刚徒步一二公里，明显感觉腿重了，气粗了，步子慢了，汗如雨下，当地一个10岁的向导说了一句"翻过那座山峰，你就到了"，成了同学们鼓足勇气的精神动力。很有意思的是三天下来，学生很快适应，变成习惯。在孩子们心里：骄阳似火的夏变成了盎然生机的春。而且学生还惊喜地发现：被太阳烘烤过的土地无比松软，胜过城里坚硬的马路。

我曾经不止一次地为学生在学校午餐的情景而生气,因为他们一不高兴就会将鸡鸭鱼肉倒掉,理由是吃不下去。训斥,说教,显得苍白无力,我常常无可奈何。但山区里的每一顿饭,几乎所有的学生都吃得精光,甚至连汤都没有剩下一口,那就是普通的米饭,那就是酸豆角加茄子,还有一点肉末或者鸡蛋,因为走了23 000多步,还在炎炎烈日下劳作了那么久,一切都成了美味佳肴,没有餐厅,没有桌椅,没有空调,蹲在路边、田头,成了无比的享受。有人说教育要创设情境,我想说与其创设虚拟的情境,还不如把学生带进真实的情境:真山,真水,真性情;真路,真活,真体验。几天的劳动,孩子们明白了"田家少闲月,五月人倍忙",感受到农民"足蒸暑土气,背灼炎天光"的辛劳,认识到"谁知盘中餐,粒粒皆辛苦"的真实含义。

陪伴学生的不仅有老师,还有当地的村民,"首席教师"就是比我们学生还小很多的当地留守儿童,他们大都姓吴,同学们亲切地叫他们"龙哥""小黑""小胖子""小帅哥"。爬山时,他们既要带路,又要很有心地照顾掉队的哥哥、姐姐,忽前忽后;除草时,他们既要示范,又要帮不得要领的哥哥、姐姐,助他们完成任务;吃饭时,他们则窝在一角,从不争先恐后,而是让哥哥姐姐们先吃。这些都是10来岁的孩子啊!他们以自己的淳朴和善良,表现出山里人的高尚,呈现了中国孩子的文明!每每想到那一幕幕,让人心酸眼热。途中,劳作间隙,饭后,就是大小孩子之间的交流,也成就了一堂堂很有意义的德育课。侗族小孩谢世朝,小名"胖哥儿",从小没了母亲,与奶奶、爸爸、哥哥一起生活。胖哥儿在说到自己的家庭时不禁哽咽,小小年纪的他心中已经深藏了苦楚,他的心中也有梦,他长大了想走出大山,他说:"我从来没有走出过这里,我渴望离开这里,到外面的世界去看看,我想吃好多好多的零食。"我们的学生闻之动容,拿出糖果和饼干给他,他的眼里出现了一丝喜悦,但就是不肯收下。这里孩子的爸爸妈妈大都在外地打工,孩子们跟着爷爷、奶奶;爷爷、奶奶过世的,只有独立照顾自己。此情此景,面对比自己小很多的孩子,一个个黑黝黝的皮肤,总是跋着拖鞋的孩子,我们学生的心中涌动着怎样的情怀啊!

山区的课程是丰富多彩的,一位75岁高龄的小学侗歌教师亲自教学生唱侗歌,这是一种属于非物质文化遗产的民歌;学习织布,在侗族织布机上学织布;学编草鞋,材料很简单:一根麻绳,一束河秆子而已,但是制作工艺非常复杂,学生们手脚并用,仍然效果不佳;学磨豆腐,不是电磨,而是手工磨豆腐,一块豆腐磨半天;学编鸟笼,先编框架,再添加竹片,反复缠绕,最后编出不伦不类的笼子;学习绣花,学生个个都是杀猪匠穿针——大眼瞪小眼;学习打糍粑,木槌本身就重,糯米团的黏性使得打糍粑变得异常艰难,每打一下,都感觉是从地里拔出了一棵树;学习做饭,最后一顿饭是孩子们自己做的,择菜、洗菜、切菜、准备调料、刷锅、点火、倒油、清炒、红烧,孩子们分工合作,手忙脚乱,尽管这顿最后的晚餐他们自己都戏称是"黑料理",但还是被大家一抢而空,吃得不亦乐乎;最快乐的、最疯狂的,是小溪里的泼水大战,直到把老师们泼成落汤鸡,那心里一个倍儿爽!哪怕自己也成了落汤鸡。

经历产生体验,体验积累成为经验,经验沉淀即为人生见识、人生财富,这些环节中重要的是学会思考,围绕古寨的留守儿童、辍学、环保、手工艺传承等问题,孩子们深入思考,分别从现状、成因、解决办法等方面交流讨论,一副沉甸甸的担子就不知不觉落在他们的肩上。这就是我的初衷,让明德的孩子知道什么叫中国,中国有"京沪广深"等现代化的城市,中国也有贫困山区,而我们——未来的公民应该有怎样的情怀、怎样的责任?

我知道梁鸿的一本《中国在梁庄》给国人心灵带来了不小的震动,明德学子的一次贵州山区之行,也会给这些来自大城市的孩子带来心灵上的震动,或许一篇篇《侗寨翻山记》就刻写在他们记忆的沟壑里,难以忘怀……

(《上海教育》2015-10A)

我的 2016：
在体系变革中迈向现代学校

2016 年，是明德实验学校外延进一步扩张的一年。继 2015 年兼并碧海小学成立明德碧海校区之后，今年 9 月碧海校区开始招收初中学生，明德一校两校区，香蜜校区和碧海校区，分别都有初中和小学。按照教育局长半开玩笑半当真的话说："请来一位名校长，管一个学校也是管，管两个学校还是管，效益扩大一倍。"今年明德开启了高中招生，8 月底迎来了第一批高中学生。随着学生的大量增加，教师也大量增加，教师培训、干部培训就成了一件大事，教育价值观的培训、教育教学技术的培训、教育管理能力的培训，刻不容缓。

2016 年，是明德实验学校内涵进一步增加的一年。

学校组织结构需要适应学校的发展变化。随着校区的增加，学生、教师的大量增加，学校实施委员会制和学部制结合的管理模式，学校分成高中部、初中部、小学部，学部负责学部内部所有工作的领导和管理，委员会负责学校相关工作的统筹协调，条块兼顾，扁平化、低重心，学部管理直接到班、到课、到人。决策层、执行层、监督层的法人治理结构已经形成。而伴随学部制的实施，必然会在干部和教师中出现本位心态与本位行为，其正向意义是主体责任意识强，其负面意义是界限过清，甚至以邻为壑，如果不加教育、不加约束也会上升到本位主义，那最后结果就是各自为政，各行其是，没有大局观念，缺乏整体意识，这是我们必须防备的。

学校初步实现"法治""共治""专治"（专业治理）三治鼎立的治理格局。所谓法治就是依法治校,遵守国家法律法规,明确并约束学校与外部主体的权利与行为关系;通过建立学校内部规章制度,明确并约束学校内部各主体的权利与行为关系。所谓共治,就是主体向度由单一的自上而下转变为利益攸关方的共同参与、互动生成。这个过程最劳心费神的就是协调,与政府相关部门的协调,与家长的协调,与社会各界的协调,是必经之路,别无选择。但实施起来,势必与各方发生或大或小的冲撞,磨合是一个比较长期的过程,维护自身权利与做出必要妥协是事所必然。所谓专治,就是学校专业化的自主治理,这其中最大的挑战是整个学校管理团队的专业化管理水平有待提升。

明德实验学校继续推进学校课程改革,课程内容重构、学科重新组合、课堂模型重建,明德紧紧围绕核心素养的培养,深入进行课程改革。在学科重组、横向打通的同时,我们启动了纵向贯通的12年一体化课程改革行动计划,充分发挥学校12年一体化办学的优势,为学生奠定坚实的成长基础。本学年明德先行启动科技教育、艺术教育、体育教育、国际理解与国际交往12年一体化办学行动纲要。体育教育回归本源,不再以追求金牌作为目标,而是把掌握一项技能、养成一个终身热爱锻炼的习惯、培养一种健康阳光持续向上的品质作为目标。现在小学阶段我们已经实现了每个学生都有一项自己所热爱的体育运动项目,并在校园里的教学时间得以保证运动。个性化的教育服务是理想的教育不可或缺的一个指标,但实施起来将大大地提高运行成本,特别是人力成本,能否全面实施则取决于利益攸关方的价值取向与意志态度。

2016年是明德办学第三年,取得了一些成绩。"教育治理现代化进程中学校治理体系变革研究"获教育部重点课题立项,另有四项课题通过专家评审列为深圳市重点课题,四门课程被评为深圳市首批好课程,一批老师在深圳市教学比赛中获得一等奖、二等奖,在福田区的教学比赛中获得特等奖、一等奖。明德学生参加全国、广东省、深圳市、福田区等各级各类的科技、体育、艺术比赛获得一大批各种奖励,一名同学获得全国信息奥林匹克竞赛一等奖,一名同学获得三等奖。2016年明德第一届初中毕业生中考平均分居深圳市福田区第一名。令人欣喜的是这些成绩大都是我们年轻教师所取得的,他们大多是从教三年以内,最短的只有一年。从这个意义上说明德行动培训的方式方法取得阶段性成效。

2016年学校也受到来自政府人事政策的挑战,明德率先实现去编制化的人事制度改革,绝大多数教师没有编制,学校实现了用人自主,教师实现了自主择业。但明德改革属于孤军深入,2016年深圳各区大量招聘带编教师,这对明德教师队伍就是一个冲击。2016年评选正高,相关部门按照编制数切分正高职数名额,明德由于编制数极少,导致无正高职数名额,与此相似,特级教师、高级教师名额将严重受限,理论上明德教师专业发展空间将受到极大限制,明德队伍建设遭遇严重挑战,作为校长必然忧心倍增。但我仍然坚信,所有的问题都是有解的,一切只是时间问题,只是我们努力的程度问题。

2016年有心血、有汗水、有付出,2016年有成绩、有快乐、有忧虑。相信明天,期待来年!

(《中国教育报》2016-12-28)

孩子们,早上好!

几乎每天早上我都会在学校门口迎接来明德上学的孩子,主动向同学们问候:"同学们,早上好!"碰到小学生进校,我会说:"小朋友,早上好!"碰到有"专业特长"的我会凸显他的专业特长:"小歌星,早上好!"这一定是一个歌唱得好的孩子;"武林高手,早上好!"这一定是学校武术队的小女孩;"葫芦丝,早上好!"这一个是葫芦丝吹得特别棒的小男孩;"小主持人,早上好!"这一个是经常主持节目的小孩。

绝大多数孩子都会回应,初中生有的声音很清晰:"校长好!"有的声音比较轻:"早上好。"显得有些腼腆;有的点点头,算是打了招呼。进入青春期的孩子各式各样,有的豪情满怀,充满自信;有的非常阳光,一脸笑容;有的低眉垂眼,甚至无精打采,有些不自然。

小学的孩子们基本上都和我互致问候击掌进校,他们的精神状态也是多种多样的,有的孩子精神抖擞,声音很大;有的孩子像是没有睡醒似的,精神不振,声音也不大;大多数孩子中规中矩,声音不大不小;有的孩子一手拿着面包、牛奶,边走边吃,问候语混合着吃东西的声音,听起来有点怪。

孩子们和我打招呼的语言不尽相同,大多数学生喊的是:"早上好!""校长早上好!"有一部分学生喊的是:"校长爷爷,早上好!"称呼变了,很显然我的外表年龄和他爷爷年龄相仿,其实孩子们叫得不错,我是到了该做爷爷的时候了;有的是先后顺序变化:"早上好,校长!"有的是先举手行礼再问候:"校长好!"有的是先鞠躬敬礼再问候:"程校长,早上好!"显得非常正式,一方面可以说这是家庭教育的结果,一方面也可以看出这个孩子严谨的个性。

孩子们都和我击掌进校,但击掌的方式各式各样,大多数学生都是中规中矩地击掌,力度不大不小,少数学生力度很小。不少孩子是创造性地击掌,他们的击掌方式很好玩,有的是用一个手指头戳我的手掌,有的是用手背和我击掌,这很显然是有意和我闹着玩;有的是手臂向后一抡用力击我的掌,发出清脆的一声"啪",然后笑哈哈地跑开了,像是得胜一般,她其实就是想显示她的击掌声音比其他人的大,为此而高兴;有的是用一只手连续多次击我的掌,严格地说是连续拍我的掌,边拍边笑,开心不已;有的是两只手轮流连续击掌拍掌,拍完之后,也欢笑着跳开了,这一定是一个性格开朗的孩子;有的是跳起来拍我的掌,有的是跑过来击掌,急性子的特征立刻显现出来。有的是击掌之后顺势就握住我的手,要和我掰手腕,明显的是要挑战校长的手腕力量。有的是只击掌没有问候语,一溜烟进校门了。有的是只问候:"校长好!"不击掌,也一溜烟进校门了,甚至问候的时候也不正眼看着我,例行公事式的,敷衍过去,这两种情况只是个别一两个。有时一个时间段里,一下子涌进许多孩子,这个时候你就会看到有两三个小孩迅速退后,让其他同学先走,这很显然是懂得礼让的孩子。一个击掌可以看出学生的性格各式各样,浑然不同,有趣得很。

淘气好玩的孩子,引发了我的兴趣,有时发现一个孩子老远就把小手举得高高的,想给我重重的一击,在掌心将要碰撞的一刹那,我的手掌向上一抬,孩子没击上,意识到我的玩笑,他"哈哈哈"地笑得开心极了。过了几天时间,我会换到校门口的另一边站着迎接孩子们,此时击掌,我就改换左手,这时我发现,不少孩子会依然用右手和我击掌,但总是感觉有点不太对劲,看看手掌,也没有发现什么异样;但是也有不少孩子自然就用左手和我击掌;一两天之后,那些开始用右手击掌的小朋友们,也改用左手和我击掌了;当然仍然有小朋友用右手和我左手击掌,虽然有些小别扭,但继续别扭;由此也可看出,孩子们适应变化也不是一样的,有快的,就有慢的。

我在校门口迎接孩子,老师来了,我也问候:"某某老师,早上好!"老师也开开心心地回应我:"程校长,早上好!"也有青春依旧的老师也和我击掌而过。

好玩的是,有一回,阿曼的英国学校一位主任来访,非要站在我的旁边,看着学生和我击掌互致问候,他也兴奋地和学生说:"Good morning!"但绝大多数孩子反应不过来,没有回礼,作为校长,我不能让他觉得咱们的孩子没有礼貌,责任感油然而生,于是赶紧一个个地把孩子叫回来,面向老外喊:"Good morning!"这一天早上,是我最累的早上,因为一早上我都要顾及他,相当于做了双份工作,嘿嘿,没招。哪知道这位主任兴致大发,第二天还要站在门口,我赶紧让外事助理请他去看更精彩的校园生活,否则我又要累一早上。

有人说我在门口迎接学生是作秀,我心想:作秀就作秀吧,我可没本事管住别人的嘴。我想真正作秀的人是不可能坚持很久的,更不可能天天如此。其实他不知道我是把迎接学生作为每天最快乐的事情来享受的,当个校长真心不容易,经常要处理一些很烦的事情,而且很多事情常常搞不定,常常要做的是"别人生病,我却吃药"的事情,心里窝着许多火,却不知道往哪里散发。改变心境的唯一方法就是跟孩子们在一起,与孩子柔嫩的小手相碰,彼此传递着温暖,感觉好极了,看着一个个活泼可爱的孩子,至少烦恼暂时没有了。有两天我因为开会,不能迎接孩子,孩子就疑惑地向门卫打探:"校长爷爷今天怎么不来了?"这话传到我的耳里,我陶醉好一阵子。

当然也有很多家长是很感动的,他们说:"校长天天迎接孩子上学,和孩子击掌,摸摸孩子头,特别温馨。"有些人顺便就操起手机拍拍照片,发到他们的朋友圈中去,据说还是引来不少人的点赞,当然我也管不住别人的微信朋友圈。

享受生活,就是享受校园里的每一天,享受每一天与孩子在一起的快乐时光。

【后记】这篇文章之所以把每天早上迎接学生进校这样一件简单的事情写得这么细致,是想倡导这样一个理念:校长应该是学生的校长,应该是教师的校长,而不是校长的校长,不是教育局长的校长。校长的生活常态应该是围绕着孩子转,应该和老师们在一起,而不是围绕教育局长转,不是整天和校长们坐而论道。也就是说校长不能做开会校长,不能做概念校长,不能做论坛校长,因为我们现在有很多的校长忙于开会,忙于应酬,热衷于参加各种论坛,热衷于到处发表演讲,满嘴新理念,处处谈概念,但孩子们在校园里难见校长的身影,老师们难以听到校长与之共商教学设计的声音,这是时下很不正常的校长生态,值得我们警惕。今天我们鼓励校长们成为教育家,但教育家不是论坛中论出来的,也不是政府官员评聘出来的,教育家一定是在和孩子们的日日交流中产生的,一定是在和教师们天天沟通中产生的,这是必要条件,没有日积月累的长期在校园里的生活,任凭他人或自己再如何打造,也是成不了让人信服的教育家。

(《未来教育家》2016－9)

孩子们,让我们确立自己的使命!

又是一年毕业季,明德校园里依旧是人潮鼎沸,初三毕业班的同学们携家长一起参加毕业典礼,明德梦剧场洋溢着师生情、同学情、父子情、母女情,最后作为校长发表讲话,我脱稿发言,给明德第二届初中毕业生上了最后一课。

亲爱的孩子们、亲爱的老师们、亲爱的家长们:

晚上好!

今天是公元 2017 年 6 月 26 日,对我们在座的人来讲注定是一个特殊的日子,尤其是我们初三毕业的孩子。首先我要感谢我们的学生,你们终于长大了,今天的表现让我看到了你们的成长,看到了你们的成熟,你们对无比热爱你们的爸爸妈妈,对为你们付出心血和汗水的老师们,对为你们服务过的学校工友们,表达了你们诚挚的情感,表达了你们真心的谢意,你们终于长大了,你们终于懂得了做人的这些基本道理。其次我要感谢各位家长,从你们精心准备的礼物,一棵高山榕,看出了你们的文化,看出了你们的价值观,看出了你们的期许,一棵高山榕寄托了你们希望孩子居高临下,扎根大地,具有蓬蓬勃勃顽强向上的生命力;一个"德泽吾心"的木雕匾额,看出了你们对明德教育的理解,看出了你们的教育思想,看出了你们自身的内涵。第三我要感谢我们的老师,刚才我们的老师说得好,一个孩子就是一个故事。那么我要说:10 个孩子就是 10 个故事,100 个孩子就是 100 个故事,这个故事是谁写就的?是我们的老师编写的,是我们的老师带着孩子们创作的,我们的老师和我们的同学共同编写了这丰富多彩、可歌可泣的教育故事,共同创作了充满诗意的校园故事、成长故事。

2017年5月25日,哈佛大学举办毕业典礼。Facebook创始人马克·扎克伯格回到母校,做了毕业典礼演讲。扎克伯格这名哈佛大学的肄业生被授予了荣誉法学博士学位,在这次毕业演讲时他提到:"人,要有使命感!"他提到:第一,我们作为千禧一代,仅仅找到我们个人的目的或使命是不够的;第二,我们这一代面临的挑战是,要创造一个每个人都有使命感的世界,这是真正幸福的关键,也是我们保持社会进步的唯一途径;第三,建立一个连接的世界,先从本土的社群做起。

我非常认同扎克伯格这个演讲主题,今天在座的都应该有使命感,明德培养的学生应该有使命感。

孩子们,首先我坚定地相信你们的家长大多都有一种使命感。孩子们,自从你们呱呱坠地后,你们的家长就有一种强烈的使命感,就是要把你们培养成人,成为对社会有用的好人,能为国家做出贡献的、善良的、有才能的人。远的不说,就说进入明德以来,你们的家长就与明德取得了积极的联系,学校几乎每一次活动都有你们家长积极支持的背影,印象最深的就是初二之后的那个暑假,你们的家长几乎无例外地都积极支持学校把你们带到贵州山区侗乡侗寨去体验那里的生活,他们认同明德的办学理念,他们认同明德的教育思想。你们每一次考试都牵动着每一位家长的心,在你们每一次重要的关口、重要的事件、重要的环节都有你们家长操心、忙碌的身影,陪伴你们成长已经是每一位家长的使命。

其次我想说我们明德、明德的老师有使命感。孩子们,自从你们走进明德校园,老师们就把你们当作自己的孩子,当作自己的弟弟妹妹,当作自己的家人,学校的每一位老师都把培养你们成人作为自己的使命,"明德正心,自由人格"就是学校教育使命的核心要义。学校老师为你们设置了最适合你们的课程:进行了课程重构——彩虹阅读、分层次教学,提供适合每一位学生的学习内容;进行学科重组——整合地理、生物、化学、物理四门学科,创设湿地研究课程,就是希望你们学会整合学科知识,转化成解决问题的资源,希望你们面向生活,面向社会,面向具体的问题;进行语文、历史等学科的重新组合,明德创建了"中国文化原典阅读"课程,就是要让中国伟大的思想家、伟大的文学家、伟大的政治家成为你们成长的精神养料;进行课堂重构——课堂模型建构,希望你们成为课堂的主人,希望你们积极主动地学习,希望你们具有批判性思维,希望你们在课堂上展现自己的个性,展现自己的才华。创造适合每个明德学子的课程教学,促进你们的健康成长,就是我们明德学校的使命。

明德不是狭隘的明德,明德不是仅仅把香蜜校区当作明德,老师们先后带你们到红树林去,到腾讯、华为、中兴、深大去,明德把你们带到深圳许多地方去,去看看自然,去看看企业,其核心目标就是帮助你们寻找自己的人生坐标。老师们带你们到惠州、东莞、香港米埔自然保护区去,希望你们有一种能力;带你们到贵州山区的侗乡侗寨去,去参加适当的劳动,去看看当地贫困的山区,去了解当地人的生活,去与当地山民的孩子对话,希望你们看到差异,产生困惑,产生问题,就是希望你们了解什么是中国,希望你们有一种责任,有一种情怀。明德带你们到阿曼、英国、美国、俄罗斯去,是希望你们有一种视野,有一种跨文化的国际理解能力,有一种国际交流交往的能力。明德是打开的明德,明德的课程是打开的,明德的学习空间是打开的,明德的打开,就是要造就开放的学生。

明德希望明德的每一个学生:不但有知识,而且有能力;不但有能力,而且有视野;不但有视野,而且有责任;不但有责任,而且有情怀;不但有情怀,而且有使命。

这就是明德学校的使命、明德教师的使命!我们希望通过我们的努力,实践并推进中国基础教育的现代化。

第三,我想问问孩子们的使命。孩子们,我们每一位同学是否问过自己:我的使命是什么?我们的使命应该与自己联系起来,应该与社会联系起来,应该与民族、国家联系起来,应该与世界联系起来,应该与更加美好的未来联系起来。也许你们觉得我讲的使命太宏大,也许你觉得自己很微小,但再微小的人物都应该有自己的使命,20世纪60年代美国总统约翰·F.肯尼迪访问美国宇航局太空中心时,看到了一个拿着扫帚的看门人。于是他走过去问这人在干什么。看门人回答:"总统先生,我正在帮助把一个人送往月球。"他的这个回答让肯尼迪总统肃然起敬,也许他的工作很不起眼,但他的胸中有一个伟大的使命,所以他赢得了人们的尊敬。我们需要仰望星空,我们需要高瞻远瞩,我们需要扎根大地,我们需要脚踏实地。

孩子们,让我们确立一个使命,为了更加美好的自己,为了更加美好的社会,为了更加美好的国家,为了更加美好的世界,为了更加美好的未来。

(本文为2017年6月26日在明德第二届初中毕业典礼上的演讲)

(《未来教育家》2017-8)

相伴　相知　相助
——家长开放日致家长

明德实验学校组织初中家长开放日,早上先看武术操、健美操,接着听课,最后是座谈,分管校长王老师主持座谈,开门见山就请家长提意见,家长们在学校领导的鼓励下就学校的方方面面提了许许多多的意见、建议,然后是两位分管校长分别从教育教学和学校后勤服务两方面回应,最后是我作为校长的即时回应。

我首先感谢到场的家长,感谢你们及你们所代表的家长,感谢家长们对学校的支持、对学生的关心。开放日是开门办学的一种体现,今后要成为常态,感谢大家帮助我管理学校。今天大家提出的很多很好的具体意见和建议,我们两位分管校长都会梳理、归类,研究,整改,落实。今天我们是原汁原味的呈现,没有一点弄虚作假,没有一点修饰,就是希望让大家看看真实的情况,看看明德真实的教学情况,看看自己孩子的真实情况。刚才有家长说有的孩子做操精气神不够,是的,我也发现了,我也不满意,比军训时差多了,什么原因呢,我们的老师太善良,心太软(家长大笑),狠不下心来,刚才在操场的时候我跟分管德育的课程处副主任阮强说:今后和军队结对共建,请教官不间断地到学校来给我们军训(家长鼓掌)。当然我们也要研究做操这种锻炼方式,能否适当地调换一下,选择学生喜欢的方式开展锻炼?以上算是开场白,下面我讲三点。

第一，相伴是缘分。

我们因为你们的孩子走到一起来了，我们共同陪伴孩子走过人生的重要阶段，我们是伙伴，感谢你们选择明德，因为你们的选择，你们的孩子成了我们的学生，我们的学生是你们的孩子。陪伴孩子的成长，是辛苦的，也是幸福的，我们都有事业追求，但是都割舍不下和孩子之间的亲情，我是过来人，我现在已经做不到时时陪伴我的女儿了，我女儿在美国工作，每年我都要抽空到美国去看看女儿，各位家长要珍惜你们现在有限的陪伴时间，或许今后你们想陪伴都没有机会了。作为老师，我们当然要教育孩子，其实我们也是一种陪伴，陪伴在这些孩子身边，给予适当的教育和指导。我们老师和各位家长实际上是陪伴孩子人生成长旅途中的伴侣，是一个战壕里的战友，是一个团队的伙伴，是一家人，我们的利益完全一致，就是促进孩子健康地成长。

第二，相知是基础。

既然我们是同伴，既然有共同的利益、共同的目标，因此彼此理解是今后合作的重要基础，今天把大家请到学校来，就是想听听你们的诉求、你们的真实想法、你们的建议、你们的批评，刚才分管校长王老师非常直白地说了：请大家提出批评建议。许多学校开家长会都是听老师们说，先听校长说，再听班主任说，后听任课教师说，最后你们想说而没有时间说，今天就敞开来让你们说。知道了你们的诉求，我们就可以有针对性地满足你们的诉求，比如刚才有位家长觉得他的孩子作业太少了，我说这有什么关系，我们任课老师知道了，接下来就可以单独给这位学生布置更多的作业（家长大笑），为什么要每个孩子做一样的作业呢？每个学生的潜力、智力都是不一样的，我们既要有共同的作业，还应该有不同的作业，这样才能满足不同学生的不同需求。不应一味统一，因为统一忽略了学生原本就存在的差异，统一就是面对各不相同的学生采取简单化的方式方法，其实是教师不认真作为的表现。有些学生速度慢一点，我们根据他的情况减掉一点作业也是可以的，因人而异。明德有特需课程，特需课程就是满足有特殊需要的学生的具体要求。明德的很多工作也需要让家长们了解，刚才有家长建议学校建立心理咨询室，事实上我们早已建好，我们也有一个心理老师,是心理学专业的硕士毕业生,有没有心理学理论,当然有,但是她还缺乏实践经验,缺乏和学生打交道的丰富经验,还需要时间,不断地走近学生,不断地与学生推心置腹地交往,不断地深入研究学生的心理,最终才能对学生发挥积极的心理教育和心理干预作用。如果我们在座的家长有这方面的知识和实际经验,或者你有这样的资源,向我们自荐或推荐,我们高薪聘请。

第三,相助是关键。

既然我们是伙伴,既然我们目标一致,利益共同,我们就要相互支持,相互帮助,你帮助我们就是帮助你的孩子,我帮助你们就是帮助我们的学生。我的观点是大家首先要做好自己能做的事情,不要一事当前指着别人做,"国家兴亡,匹夫有责"。匹夫不是指别人,而是指自己,自己率先去做。我做不了的,再请别人来帮忙。我每天到学校比较早,看到地上纸屑,即刻弯腰把它捡起来,不要指着别人做,不要总是认为这是别人的责任,是清洁工的责任,是班主任的责任,是课程处的责任。学校不是万能的,教育也不是万能的,我们每个人都能勤快主动地做好自己能做好的事情,那么孩子没有教不好的,学校没有办不好的。今天明德还是处于幼儿阶段,还很稚嫩,所以更需要各位家长身体力行的相助,我们本着这样的想法,共同努力,孩子健康、阳光的发展是必然的,明德学校成为老百姓心目中的好学校是完全有可能的,甚至是指日可待的。再一次感谢各位家长!(家长热烈鼓掌)

(《上海教育》2016-10A)

南国新唱毕业歌

到深圳三年,第一届初三毕业。从下午5点钟开始,深圳明德实验学校的毕业典礼一直持续到晚上8点多。毕业典礼由年级长马彦明老师主持,有回顾三年生活,有任课教师临别赠言,有颁发毕业证书、奖励证书,有学生牵着父母的手上台互赠书信,热情拥抱,加上主持人富有磁性的充满激情的男中音,可以说整场典礼高潮迭起,感情的潮水一浪一浪地冲击着所有在场的老师、家长、学生的心。

我没有想到我们的学生这么懂事,我在给毕业班的每个学生颁发毕业证书时,几乎每个学生在接到毕业证书时都说:"谢谢校长。"从来没有这么统一的礼貌过。发到宋惟翰同学,他说了一句:"程校长,我想拥抱你!"随即这个十来岁的男孩紧紧把我抱住,一下子把我感动得要掉泪。当学生携手父母登台的时候,一位初三壮实的男同学几番拥抱爸爸妈妈,泪流不止,让台下的观众嘘唏不已。

我没有想到我们的老师这么多情,语文老师将自己所任教班级的学生名字串起来做了一首诗,每个班一首诗;历史老师用历史口号串起来告诫学生;数理化老师各个聪明绝顶,将自己学科的专用术语组合起来,成为勉励孩子们的赠言。更令我想不到的是美术老师高伯寅,原本是十分潇洒刚性、经常显得很酷的一位来自内蒙古的老师,居然在台上讲话哽咽,不能自已;身高1米9的体育老师张宏宇,居然写出了洋洋洒洒又含情脉脉的文章,现场朗读,几番泪眼,几多动情。

我没有想到我们的家长这么投入，在整个毕业课程的设计过程中，家长们提出了很多富有建设性的意见，并积极实施。他们集资买了名贵树木，带着孩子们在校园里种下具有象征意义的海南黄花梨，并十分认真地嘱咐孩子："等你们走上社会之后，回到校园，在树的旁边建一个漂亮的亭子。"每个家长十分认真地给自己的孩子写了一封情理兼备的书信，全程参与毕业典礼。有两位家长是专业摄影师，全程拍摄，汗流浃背，令人感叹。

毕业典礼的最后一项就是校长讲话，我脱稿讲话，充满深情，因为此时此刻我的情感已经被充分调动起来了。

  亲爱的孩子们、亲爱的家长们、亲爱的老师们：
  晚上好！
  今天是公元2016年6月27日，原本是非常普通的日子，原本是非常平常的日子，因为你们的毕业将显得不普通，因为这个毕业典礼而显得不平常，明德的历史上将记载一笔，明德首届初三毕业班顺利毕业。一个普通、平常的日子，将获得历史性的重量。
  美国著名导演斯皮尔伯格2016年哈佛大学毕业典礼上的讲话主题是"铭记历史，追随内心"。我非常认同这个主题。
  我们应该铭记历史。三年历史说短不短，说长不长，这三年恰是你们成长的关键期，由儿童走向少年，这三年是你们人生一个重要的阶段。
  回顾三年，我要感谢各位家长。想当初，正是因为你们的选择，使得我们之间有了缘分。三年相伴相随，为了共同的目标，感谢你们对孩子的精心照料、细心呵护，感谢你们对学校的理解、认同和大力支持。
  回顾三年，我要感谢明德初三的孩子们。看着你们一天天长大了，看着你们一个个知书达理的样子，无比欣慰，刚才我在下面为你们的语言和行动所感动，你们记住了你们的老师，也记住了为你们服务过的保洁阿姨、水电工人、保安大叔、食堂员工，你们把他们也请到台上，表达了你们的爱，表达了你们的感激。男儿有泪不轻弹，我是一个十分理性的人，但也止不住流下了眼泪,我旁边的王建德老师也老泪纵横。现在我要说:明德今天就以你们为荣。

回顾三年,我要感谢明德年轻的教师们。什么是教师?有人说:所谓教师是成人世界派往儿童世界的文化使者。文化使者承担着精神引领的作用,你们用你们的青春,用你们的智慧,用你们的汗水,用你们晚上11点钟的灯光,引领着孩子。不只如此,你们是一群有情、有义、有大爱的教师,你们用行动诠释了明德教师应有的素养。

我们应该追随内心。有人说:教育的成果就是所有知识遗忘之后所剩下的东西。孩子们,你们从明德的课程中感悟到了什么?在明德的课堂联想到了什么?从明德的活动中思索到了什么?

明德开设"中华文化原典阅读",就是以两千多年的中华文化精髓来滋养你们的心灵,我们希望从明德走出去的明德人身上具有中华文化的基因。明德开设的湿地研究课程,就是将学科知识打通,让知识成为解决问题的资源,让你们学会如何整合学科知识,面向社会生活,解决实际问题,提升你们的实际能力。明德开设的国外游学课程,就是要提升你们的国际理解能力、国际交流能力,就是要开阔你们的国际视野,开阔你们的胸怀。

明德组织的贵州山区之行,就是让你们看看中国贫困地区的样貌,看看你们的同龄人以及比你们更小的孩子们的生活状况,让你们懂得中国不仅有京沪广深,还有贫困山区,还有西部农村,让你们明白:何为中国?明白你们的责任。明德组织的社会考察,到腾讯、到大疆、到联通,就是要你们理解社会的需要,学会规划自己的未来。

明德希望你们不但有知识,而且有能力;不但有能力,而且有视野;不但有视野,而且有情怀;不但有情怀,而且有责任。"明德正心,自由人格"就是明德人最重要的核心素养。

铭记历史,追随内心,就是要更好地面向未来,未来需要你们仰望星空,并脚踏实地。

就快到和大家说再见的时候了,这是校长和你们互说再见,是老师和你们互说再见,而你们和明德不用说再见,因为你们就是明德,无论你们走到哪里,你们身上都有明德的基因,走到哪里你们都代表着明德,你们就是自由飞舞的明德个体、明德小精灵,明德不仅是围墙里的明德,明德不仅仅意味着碧海校区和香蜜湖校区,明德还意味着明德的历史,还意味着明德的教师,意味着明德的每一个学生。

最后衷心地祝福你们!祝福你们幸福快乐!健康成长!

当毕业典礼结束时,在毕业歌的音乐伴奏下,所有的老师在剧场门口和家长一一握手,和所有的孩子们击掌道别,家长们很是感动:"明德真是好学校,我要把第二个孩子也送进来。"孩子们纷纷拉着老师、校长照相,其情也深,其心也真,令人感动不已。

南国第一个毕业典礼圆满结束,难忘今宵。

(《未来教育家》2016-7)

把课堂打开

批判性思维在课堂

雅斯贝尔斯曾说:"如果有人能准确地复述我所说出的一切,并能理解我所思考的事物,然而却从来不准备有些微怀疑精神和自主意识,那么,这样的思考者是可有可无、于事无补的。"这里的怀疑精神和自主意识就是批判性思维的意识和能力。今天教育界的很多同行都在谈论批判性思维,认识到在基础教育阶段培养学生批判性思维能力、批判性思维意识的重要性。这其中关键在于我们教师首先要有批判意识和批判思维能力。

初中历史课,课题是"伐无道,诛暴秦",当谈论到陈胜吴广起义的意义时,老师最后给出的标准答案是:极大地激发人民起来反抗暴政,对推翻秦朝统治起着重要的推动作用。这很显然是教材里的标准说法。下课以后,我和老师交流,我说:陈胜吴广起义的确有激发人民反抗暴政的作用;但是在今天,我们除了给学生讲这个,还应该给学生讲讲圣雄甘地,讲讲马丁·路德·金,讲讲曼德拉,还应该让学生懂得通过和平的方式表达自己合理的诉求,因为我们毕竟不是培养暴民。

初中历史课,课题是"隋朝统一与大运河",讨论隋朝为什么能统一,标准答案之一就是:民心厌恶腐朽的陈王朝,所以盼望隋朝统一。这也是教材给出的因果关联。我和任课教师讨论,"民心厌恶腐朽的陈王朝,所以盼望隋朝统一"有必然性吗?为什么民心厌恶陈王朝,就一定要盼望隋朝统一?还有其他可能吗?而且为什么一定就会盼望统一,而不是独立？为什么苏联的加盟共和国都要独立？

　　隋朝为什么能够开通大运河？教师的标准答案是：经济实力、国家统一、有前代基础。这也是教材给出的说法，按照常理，教师讲清楚了，学生记住了，足以对付考试就行了。但是我要问：有这些条件就能开通大运河吗？为什么经济繁荣就一定导致大运河开通，为什么毛泽东时代经济条件很差，却大修水利工程，取得了不少的成绩，而现在经济繁荣反而没有多少水利建设，而是在享受毛泽东时代水利建设的红利？经济繁荣与水利建设之间是充分条件，还是必要条件，还是充要条件？

　　《中国青年报》曾经刊登了一篇题为《应试套路对付不了美国高考》的文章，引起了社会的普遍关注。文章说，中国学生SAT（Scholastic Assessment Test）的平均分数为1 213分，美国学生SAT的平均分数为1 509分，差距近300分。中国学生最大的问题出现在"比较和评价论点"这类题型中，因为这类题目需要学生剥离表象去探求文章的"前提假设"，同时对比不同作者的观点。"比较与评价"乃"批判性思维"的核心。文章得出结论：中国基础教育缺乏批判性思维能力的阅读和写作训练，中国学生整体欠缺有效的思维能力训练，这也是目前限制中国学生学术能力的最重要的因素之一。SAT考查的是学生的学术英语能力，重点是批判性思维（critical thinking）的能力。SAT中的critical reading意为"批判性阅读"。

　　欧美等西方国家教育普遍重视培养学生的求异性思维，爱因斯坦曾经说过："科学就是反反复复的批判。"2010年10月，美国相关部门曾经明确提出"面向21世纪美国高中的教育目标"之一就是："培养学生善学、好学的品质，批判性思考的习惯，和面对问题解决过程中莫衷一是的情形时乐此不疲的情怀。"（《中国教育报》2011年11月3日第6版）。澳大利亚英语课程框架对学生提出的9个课程目标中4个提到"批判意识"：习俗，学生通过澳大利亚英语体现的习俗理解力和批判意识；听，学生在不同环境中有目的、具有批判意识地听和理解；看，学生具有批判意识地看和理解各种视觉文本；读，学生具有批判意识地接触和理解各种文本。

中国教育重在培养学生的求同思维能力,我们的课堂里不论运用什么教学模式最后说到底就是让学生找到标准答案,或者教师一讲到底,把答案告诉学生;或者教师提问,学生回答,教师更正学生的答案;或者学生提问,教师回答;课堂的整个过程就是教师带着学生找答案的过程,找到答案,课堂教学的目标就实现了。几乎所有的教学环节都是如此,作业的过程也是对答案的过程,我们的阅读题有"标准答案",学生是揣摩出题人的用意,而不是表达考生自己的见解;作文讲究的是套路、模板,学生只要占有"作文攻略"之类的书,就足以应付。甚至于国内培训机构也是如此,英语培训,不是遵循语言习得规律,回归语言学习的工具属性和文化属性,而是从技巧和知识入手培训,简单采用背单词和大量做题的方式,拿SAT当高级托福,不顾SAT本身对思维能力和文化背景的要求,最后的培训效果普遍不理想。事实上,技巧性能力是可以在短期内靠"强化训练"来"速成"的;但是"批判性思维能力"属于素质性能力,需要长期积累,无法以急功近利的态度去获取,应该从小就开始培养。说到底中国教育培养的是应付"标准考试"的能力。学生经过学校课堂教学,求同思维能力提高,而求异思维能力弱化。杜威曾经批评过这样一种教学方法:过分强调训练和其他方法,牺牲个人的理解力,以养成机械的技能。

中美两国基础教育的差异,与两个国家评价的教育价值取向不同有很大关系,中国的高考考查的是学生中学所学,评价学生对所学知识掌握的程度,这明显是面向昨天的考试;美国SAT则考查大学所需,评价学生是否达到学习大学课程的能力,指对所学东西的真实性、精确性、性质与价值进行个人的批判,从而对做什么和相信什么做出合理决策。这明显是面向明天的考试。

批判性思维是由批判性技能和批判性意识(精神)两个方面构成的。批判性思维必须以一般性思维能力(如比较、分析、分类、综合、抽象和概括)为基础,还要具有一些特定的批判性思维技能。批判性思维技能包括:1. 抓住中心思想和议题,即明确这是什么。2. 判断证据的准确性和可靠性,即追问一下这靠谱吗? 3. 判断推理的质量和逻辑一致性,即追问这合理吗,合乎逻辑吗？4. 觉察出那些已经明说或未加明说的偏见、立场、意图、假设以及观点，即追问这是偏见吗？5. 从多种角度考察合理性；6. 在更大的背景中检查适用性。这些批判性思维技能需要在课堂教学中不断强化，最终使得学生能够养成。

　　法国当代最重要的思想家埃德加·莫兰说：未来教育有7个黑洞，其中第二个黑洞就是，"人们不教授确切的知识……确切的知识并不是那些在形式或数学程序上极端复杂的知识，而是能够将信息和数学放到特殊背景中去的知识……是在部分和整体之间往来如梭的知识……背景教学是知识的迫切需要……在我看来，必须将知识贯通。"笔者认为今天的课堂教学出现了许多这样的能力黑洞，套话式的答案导致学生概念情境的缺失，这正是能力黑洞，将导致学生在复杂情境中的判断、分析、解决问题能力严重缺失，这一能力与原创能力有着密切联系，因为任何创造活动都面临着如何独自应对新情境的问题，只会接受现成标准答案的学生是没有创造力的。

（《今日教育》2016-12）

基于思维流量的
语文课堂模型群建构

本文先解释语文课堂模型、课堂模型群的概念,然后明确思维流量的所指,之后重点介绍这个模型群建构的思路和方法,即共同要素的提炼与组合,最后概说国际评估理论对语文课堂模型建构的指导意义。

一、语文课堂模型与课堂模型群

课堂模型,简称"课型",用英语表达就是 lesson type,其实就是课堂教学结构形态的抽象描述,是由赫尔巴特在《普通教育学》中首次提出的。那么所谓语文课堂模型,当然就是语文课堂教学结构形态的抽象描述。

关于课堂模型的分类,华东师范大学崔允漷教授做过相关的研究(详见《新课程改变了中小学课型了吗》,《全球教育展望》2015-1)。美国学者古德和布罗非是基于师生关系来研究这个问题的,他们将课型分为不能应对、贿赂学生、铁腕手段、与学生合作这四种类型。日本学者佐藤学是基于共同体的性质来研究的,他将课型分为原始共同体课堂、群体型课堂、学习共同体。德国学者希尔伯特·迈尔则将课型分为直接教学、开放式教学两种课型。我国学者王鉴是基于叶澜的关注生命来研究的,他将课型分为知识课堂、生命课堂两种课型。华东师大崔允漷教授是基于师生行为表现来研究的,他将课型分为讲授型、互动型、指导型三种。

语文课堂教学模型的建构需要有相关的理论支撑,一是教学理论或学习理论,二是思维理论,三是评估理论。笔者认为教学理论中的变异理论,思维理论中的批判性思维理论,PIRLS、PISA 两种国际教育评估理论,对语文课堂教学模型的建构有着直接的指导作用。

二、课堂对话与思维流量

课堂的本质是师生之间的即时性对话交流,语文课堂的本质就是语文课上师生之间关于语文的即时性对话交流,对话的核心意义在于激活学生的思维,从而真正提升学生的语文能力。评价语文课堂效益如何、价值如何,首要的标准就是思维,就是看课堂当中的思维流量到底如何。很显然"思维流量"这一概念是迁移过来的,"流量"一词《现代汉语词典》(第 7 版)中是这样的:"流体在单位时间内通过河、渠或管道某处横断面的量;在单位时间内通过某处的人员、车辆等的数量;指网络流量,在单位时间内网络上传输的数据量。"我们使用"思维流量"这一概念,其内涵所指就是课堂上学生思维流动的量,也就是学生在课堂上思考了多少有价值的问题,学生思维的梯度如何,学生思维的价值意义如何。杜威说:"不断改进教学方法唯一直接的途径,就是把学生置于必须思考、促进思考和考验思考的情境之中。"他还说过:"困惑是思考的不可或缺的刺激。""思维流量"这个概念的提出,有意识地针对当下语文课堂上流于表面的形式主义现象,有意识地否定当下语文课堂无效对话、无意义讨论、无价值展示的现象,有意识地批评课堂上一味追求热闹、导致轻轻地滑过文本的教学现象,当然同样反对远远离开文本的刻意创新,同样反对不切学生实际的所谓理论深度。强调语文课堂应该追求源于学生又适度高于学生的对话交流,以激发学生有意义的思维。

研究语文课堂教学中学生的思维流量,将突破当下语文课堂教学研究局限于形式变化、忽略课堂本质特征的现状。杜威认为,好的教学必须能唤起儿童的思维。所谓思维,教学过程中明智的经验方法。在他看来,没有思维,就不可能产生有意义的经验。因此,学校必须提供可以引起思维的经验的情境。

这个课题的理论意义在于首创"思维流量"这一核心概念,我们将进一步解说并界定概念的基本要义和外延。迄今为止,国内外尚无思维流量的概念建构与理论研究;通过深入的研究探索,将同时创建课堂教学思维流量、语文课堂教学思维流量等相关核心概念,解说并界定这些概念的内在含义和外延,阐释相关的模型假说,建构以思维流量为核心的语文课堂教学模式群的理论假说,建构以思维流量为核心的语文课堂教学评估标准的理论假说。

其实践意义在于建构以思维流量为核心的语文课堂教学模型群,建构以思维流量为核心的语文课堂教学评估标准,改善师生语文课堂教与学的行为,提升语文教师自身的思维品质,培养学生的批判性思维能力,提升学生的整体思维水平。

事实上,国内外对批判性思维培养的研究已经成为一种时尚,大量的成果已经出现,并逐步引入中小学课堂,但基本是作为一种单独的教程,局限在介绍思维方法,并没有与学科教学水乳交融地结合起来。

国内研究课堂教学模式的成果也颇为丰富,据不完全统计,所谓课堂教学模式已经多达 6 000 种,但基本停留在课堂的教学程序和教学步骤上,所谓课堂教学建模更多的是形式上的增加步骤、减少步骤,比如五步教学引读法、四步骤六环节课堂教学模式等都是属于这种类型的教学模式;或者是顺序的先后变动,比如当下流行的翻转课堂就是学与教的顺序颠倒。当下课堂教学模式研究缺乏更进一步的基于思维流量的课堂教学模式或模型研究。

研究语文教学的思维能力培养也有不少的成果,但也是仅仅停留在思维方法本身而已,缺乏研究课堂教学中的思维流量,缺乏通过师生对话以激活学生思维的课堂本质研究。

三、共同要素提炼与要素组合

语文课堂教学中激活学生思维有哪些基本的要素?这是基于思维流量的

语文课堂模型群建构的关键。笔者以为至少有以下几种要素是主要的。

首先,要聚焦行为。语文课堂教学目标的设定必须聚焦于学生行为及其达成,因为只有学生行为才能真正激发学生思维,只有学生行为才能促进学生思维,学生思维反过来激励并促进学生行为的有效达成。一段时间以来,很多教师按照课程标准的三维目标制定了语文课堂的三维目标,十分机械,其实三维目标是一个行为的三个方面,不是三种目标,不是三样东西,因为行为本身就承载了知识与能力、过程与方法、情感态度与价值观,是三位一体的,没有脱离三维目标的孤立的学生行为,三维目标也只能通过学生行为来体现并落实。所以语文课堂教学目标要聚焦学生行为,还可以进一步列出行为条件,进而给出水平要求,也就是说在语文课堂上让学生在多少时间里做什么事、做多少事、完成的质量如何,给予明确的设定。这就是包含了情感态度与价值观的"行为目标"。

其次,理解迁移要讲究还原。语文课堂教学中便于学生理解相关文本或相关知识,必须有意识地引入时代故事、背景故事、作者故事,还原当时作者所处的历史背景、当时情境,例如要读懂《木兰诗》,你就必须知道南北朝时期的"府兵制",否则你无法理解为什么当时的人当兵要自己购买武器装备,简称"还原背景"。除了历史背景之外,现实场景、未来前景的再现也属于"还原背景",这是第一种还原。第二种还原是还原文本或语文知识原型的多样性、复杂性,这就是变异理论所涉及的,简称"还原变异",即我们既要考虑共同性的标准正例,也要考虑差异性及各种非标准正例,还要考虑反例,例如有的文本不同的朝代有不同的评价,同一个朝代也有不同的评价,甚至有截然相反的评价。第三种还原是还原思维过程,也就是思维可视化,简称"还原思维",即将语文教学中所涉及的问题推导或问题解决的思维过程直观呈现,便于学生理解掌握,比如可以借助思维导图还原思维过程。通过多种方式的还原,促进学生理解知识,掌握技能,学会应用。

第三,应用评价要注重批判。质疑、反思、批判是培养学生批判思维的有效途径,第一种方式可以从多维角度来反思批判,简称"多维反思",比如不同教材的不同说法,同一国家的不同教材,不同国家的不同教材,不同专家的不同说法。第二种方式可以引入矛盾冲突来辨析质疑,简称"矛盾质疑",如学生对学生的质疑,学生对老师的质疑,老师对学生的质疑,学生对文本的质疑。第三种方式可以运用动态变化的方式看待事物,简称"动态视角",将时间、空间的变化引入,培养学生用发展变化的方法看待事物的习惯。整个教学过程中特别要强调学生发动,现在的问题是许多课堂都是教师发起,教师提问,学生回答,学生发起度太低,因此质疑反思特别要强调让学生自己提出问题,让学生在质疑中学会质疑,学会主动学习。

经过上面提炼,有如下因素可以作为语文课堂的基本要素:行为目标、还原背景、还原变异、还原思维、多维反思、矛盾质疑、动态视角。这些要素不是一成不变的,在语文课堂教学实践之中,还可以提炼新的要素。选择这其中的要素加以组合,可以构成不同的语文课堂模型的初级指标架构。

组合的基本原则:

第一,行为目标、还原思维作为基本要素、基本原则,以确保每堂课始终以学生为本、聚焦学生行为、聚焦学生思维,确保教师教学的思维可视化,思路清晰。

第二,根据客观需要(教学内容、学生)选择要素搭配,搭配方式灵活,组合的先后顺序也可以灵活多变,不搞机械僵硬的程式化教条。

组合方式举例:

A:行为目标＋还原背景＋还原变异＋还原思维

B:行为目标＋还原背景＋多维反思＋还原思维

C:行为目标＋多维反思＋矛盾质疑＋还原思维

D:行为目标＋还原背景＋还原变异＋多维反思＋矛盾质疑＋动态视角＋还原思维

……

在语文课堂教学实践中需要进一步探索最佳组合方式,什么内容用什么方式组合最佳?也就是最有益于激活学生的有效积极思维,什么程度的学生用什么方式组合最佳?

四、模型具体指标与评估理论

PIRLS、PISA两种国际教育评估理论,对语文课堂教学模型群建构的直接指导作用主要体现在语文课堂模型的具体指标上。

以PIRLS为例,其全称为国际阅读素养进步评估项目(Progress in International Reading Literacy Study),由国际教育成就评估协会发起并组织,自2001年起每五年循环一次,测试对象为小学四年级学生。也就是说小学语文阅读课模型建构主要依据它。PIRLS认为阅读过程是建构文章意义的心智活动,包括:第一,关注并提取明确陈述的信息;第二,作直接的推论;第三,理解并整合观点和信息;第四,检查和评价内容、语言和文本成分。这些可以直接编入课堂模型的二级、三级指标之中。

第一,筛选信息,包括:事件的主角,发生的时间、地点、背景,文章的主题、观点。第二,直接推断,包括:事情的因果,总结论据的要点,归纳文章主旨,形容人物间的关系。第三,综合并解释篇章,包括归纳文章主旨;比较、对比文章中的信息;推断作者的意图;把文章中信息应用于现实生活,并加以解释。第四,评价篇章内容和表达形式,包括文中事情的真实性,故事结局的出乎意料,文章内容的完整性,表述的清晰度,以及形容词的选用及表达效果。这些可以直接编入课堂模型的四级指标之中。

根据评估理论涉及的能力标准和课程标准所涉及的能力标准,我们可以把语文课堂模型的基本要素具体化,从而使语文课堂模型建构直接落实到提高学生的实际语文能力水平和基本语文素养上。

(《语文教学通讯》2016年2B)

促进思维发展的课堂教学
——以一次中学语文研究课为例

2015年末,上海市语文名师培养基地到深圳明德实验学校开展语文教研活动,研讨的主题就是"基于思维发展的中学语文课堂教学",第一节课是上海的谢红新老师执教《一百个问号之后》,第二节课是上海的殷秀德老师执教《记承天寺夜游》,第三节课是深圳明德实验学校杨金峰老师执教《台阶》。下午是评课,包括执教教师说课,听课教师自由评课,专家评课,最后我总结,整个过程持续了4个小时,很有冲击力,在场的人都很过瘾,收获很大。以下就是我的即兴总结。

先说主题,本次研讨活动的主题是"基于思维发展的中学语文课堂教学",这个主题是我和几位基地主持人一起商讨确定的。为什么确定这个主题?其实也就是基于我们对语文教学的认识,要把问题想透,语文课到底要培养学生什么?有人说:"教育的成果就是所有知识遗忘之后剩下的东西。"这剩下的东西是什么?我以为除了人品之外,就是思维品质,也就是说我们通过教学要提升学生的思维品质。杜威也说过:"不断改进教学的唯一途径就是把学生放在必须思考、促进思考、检验思考的情境之中。"他还说过:"困惑是思考的不可或缺的刺激。"而当下的语文课堂教学有很多是无效的、低效的,主要是因为没有把学生放在一个必须思考的情境之中,教师所营造的课堂环境不能有效激发并促进学生的思考,学生课堂中的相互讨论,教师的教学点拨,都不能有效实现检验学生的思考,没有提升学生的思维水平,学生的思维能力几无长进。于是我们这次研讨活动意图就是探索语文课堂如何促进学生的思维发展。

再看今天三堂研究课。三位老师执教三堂课的教学目标指向是不一样的,也就是说三位老师教的东西各不相同,谢红新老师教的是质疑批判,殷秀德老师教的是文言文化,杨金峰老师教的是原型辨析。

谢红新老师教学生质疑文本,这就是让学生进入必须思考的环境中,通过谢老师有效的调动和示范,学生慢慢学了一点文本质疑的思维方法,并积极尝试着进行有理有据的质疑。谢老师所引导学生的质疑不是纯粹的否定,他的批判不是简单的二元对立,还有建设,他让学生在发现问题之后尝试着修改,让学生在修改中学会严密的表达、严谨的论述,在表达中学会表达,在论述中学会论述。谢红新老师的课,逻辑线索非常清晰,从课的整体结构来看,他是从观点到论述,研究文本,质疑探究,每一个环节教师的教学过程都是沿着"是什么"—"怎么样"—"为什么"—"如何改"—"为什么要这样改"这样一个逻辑线条依次讨论,这样一个过程就是把教师的教学思维可视化,让学生把握这其中的逻辑,有助于提升学生的思维品质。但很可惜,谢老师课堂的最后没有让学生梳理这个逻辑过程,而是让学生比较笼统地谈论课堂收获,教师的要求指向不聚焦,学生的回答必然笼而统之,泛泛而谈。

殷秀德老师的课,教学生读课题,读句读,读注释,读人物,读关系,读情感,读主旨,这是一种比较好的阅读文言文的方法,也是一种思考文本、研究文本的方式,读出文言文的文化味道,而且教师指导学生读的方法在不断变化,有学生自读,有齐读,有个人朗读,有教师导读。通过阅读思考,让学生走进文本,通过课堂讨论,促进学生思考,让学生走进作者所创作的精神世界。殷老师在说课过程中有所反思,觉得学生有挫败感。那么,这种挫败感是怎么来的?我以为主要是教师的教学指导过程出了问题,殷老师总是一发现学生出了问题就即刻打断,学生朗读出错,教师即刻打断,马上指出;学生在讨论时出错,教师即刻指出;正因为这样,学生总是有挫败感,学生的兴奋感建立不起来,连一段话都读不完整,更不可能有连贯的思维、连贯的表达了,很显然殷老师操之过急了。教师应该耐心地让学生读完,读完之后再指出问题所在,应该耐心地听学生讲完,讲完之后再分析问题之所在。把即时打断,改为延时打断,否则学生兴味索然。

杨金峰老师的课重在原型辨析,这是较高级别的思维训练。杨老师事先让学生提问题,全班学生一共提了67个问题,也就是教师让学生先行思考,学生的思考产生在课堂教学之前,那么杨老师的教学伊始就是基于学生,教学问题是源于学生。这堂课的教学必须让学生有所长进,就是高于学生。杨老师运用了变异理论,试图让学生通过正例、反例、旁例的对比,来准确把握文章的内涵。有两个细节对比设计得非常精彩。一个是将课文的散文句子改写成诗行形式,让学生加以对比,体会文章的诗意,体会作者的情感,体会文章的主旨。这个对比非常贴切,因为本文确有诗意,将文段改为诗行阅读丝毫不会有突兀的感觉。还有一个对比是文章的最后,父亲问:"这人怎么了?"杨老师将之改为"我怎么了?"这个变化也是很有意思的,通过比较,让学生体会父亲地位的缺失,无论是在家里,还是在村里,体会父亲所处环境的变化。

这篇课文,有三个关键要素:阶、位、心。"阶"即台阶,"位"即地位,"心"即心理,就是父亲的内心感受。课文围绕这三个要素展开,在父亲心里,地位低是因为台阶低,于是要建高台阶;建了高台阶之后,地位并没有提高,于是父亲心里产生强烈的失落感,失去了生活的目标,精神萎靡。错就错在父亲的第一个假设是不成立的,逻辑前提不成立,后面当然不会出现理想的结果。

这堂课设计非常精到,课堂效果却不够理想,问题出在杨老师的问题不够简洁,学生回答起来有些散,有些泛,不对路;教师问话必须简洁明了,相对聚焦,这样讨论的思路就能理顺,对话就能很好地建立起来。

统观三堂课,我觉得还有必要归纳共同的问题。

第一是相信学生。这是教师教学的基本要义,阿基米德说:给我一个杠杆,我能撬动地球。我们要相信学生,只要路径正确,只要指导有方,学生一定会还你一个奇迹。我曾经在深圳百仕达小学听课,听的是四年级学生的语文课,学生在课堂里反映出来的质疑反思能力,令我刮目相看。我一直以来都是教高中的,以为小学生的学习一定是很简单的,但我没有想到如果对小学生加以训练,他们也能做到逻辑严谨地相互质疑,也能做到说话严密地批判论述。进一步了解,百仕达小学的语文教学依据的是国际教育 PIRS 评估理论,该理论就已经对小学语文学习质疑批判能力有所规定。换句话说,谢红新老师在初中教学中所体现的质疑批判能力的培养,小学阶段就有学校已经实现。

第二是重在教师。教师教学重在引导,重在搭台,重在对路。引导就是教师在学习方向上引导学生,明确学习思考的目标,并在思维方法上给予引导,同时给学生案例样板;搭台就是给学生搭上脚手架,给学生提供相应的工具或者资源,让学生有可能进入文本的核心,能够思考并解释相应的问题。所谓对路,就是教师的引导、搭台针对性要强,要切合学生实际,源于学生,适度高于学生,低于等于学生的当下水平,则学生毫无收获,过度地高于学生,则导致学生消化不良。

第三是思维简洁。一方面表现在语言上,语言是思维的直接外化。课堂本质上是师生之间的即时性对话交流,交流需要简洁,教师的问话需要简洁聚焦,否则学生答非所问,泛泛而谈,教师问得含含糊糊,学生回答一定是笼里笼统。另一方面表现在课堂的整个思维流程上,课堂的部分和部分之间,环节与环节之间,一定要有内在的逻辑联系,思维的逻辑线条清晰,思维可视化度高,有助于学生把握脉络,有助于学生提升自己的思维品质。

最后说说我们的评课研讨。既然是探索,我们的研讨就需要一种自由言说的氛围,只有自由言说才能充分研讨,思维才能碰撞。评课要基于事实——课堂上实际发生的事实,重在说理——谈出自己的观点,分析要讲逻辑。我们的研讨氛围非常好,大家自由言说,发表自己的观点,摆事实,讲道理,既不是一味赞美,也不是一味打压。我们听到陈小英老师的评课,她的话不慷慨,也不激昂,非常平和,非常淡泊,但说出了语文课堂教学培养学生思维能力的关键所在。我经常跟大家说,我们看人家的东西,听人家的话语,不但要看表面上的东西,而且要看出它背后的东西。小英老师背后的东西是什么?小英老师在干什么,其实她在寻找共同行为,上午三节课都是语文名师的课,她在寻找这三位老师上课共同的东西,我以为名师的共同行为一定是课堂教学的规律,比如她看到了三位语文老师的课都有很好的价值取向,不但重视语言训练,而且重视思维品质的培养,重视人文教育;三位老师都非常重视发挥学生的主体作用,让学生自主思考;三位老师共同的教学方法:诵读法、比较法、图示法。这些都是语文课堂教学的基本规律,老实说,把这几个要素做到位了,那一定是好的语文课。陈小英老师的直觉力是非常突出的,她刚才说到从《台阶》的"父亲"身上看到了鲁迅笔下"闰土"的影子,这是一个跨越时空的准确类比。

评课就事论事,实事求是,只要是与人为善的真诚表达,都在肯定之列。有意思的是这次评课,男教师理性色彩浓一些,批评的力度大一些,冲击力也大一些,但紧接着就是女教师评课,感性色彩浓一些,女教师肯定的多一些,言辞更温和。男女教师交叉评课,冲一冲,揉一揉,搭配和谐。所以整个评课既自由,又温润;既批判,又和谐。批判不是纯粹的否定,批判思维的一个重要方面是为了建设,为了提升课堂教学的水准。

(《未来教育家》2016-5)

课堂辩论激活学生的积极思维

新时期以来，我们很多学校、很多校长、很多老师响应课改，积极改课，创造了各种各样的课堂教学模式，涌现了许多新潮的课堂：有效教学、高效课堂、翻转课堂、自主课堂，诸如此类，不一而足。这其中有许多是卓有成效的，至少在自己学校、自己班级产生了一定的效果，有的还影响了更多的学校甚至更广的区域。课改当然不仅是改课，但课堂的变革无疑是极为重要的，问题的关键是课堂到底如何变革，课堂的核心要义到底是什么，我以为各种各样的课堂教学模式构建的意义很显然不在于程式化的模式本身，而在于是否能充分激活学生的思维，是否有助于培养学生良好的学习习惯，是否有助于提升学生的思维品质。

初中生物第一课，教学内容：生物的定义和判断标准。我们不妨预先设想一下：这一课的内容非常浅显，教学方法好像也只能是单一的，那就是就概念来说概念，从理论到理论，用概念解释概念，一石一鸟，而且第一课显然不可能靠实验来吸引学生，看来注定是枯燥乏味的。我们有办法突破吗？

美国生物教师萨拉的生物第一课是这样开头的，课一开始萨拉老师就向学生提出了一个匪夷所思的问题："太阳——是活的吗？"多么漂亮的问题！所有的孩子从来没有想到过这样一个问题，学生眼睛都亮了。有的学生说："是活的！"有的学生持完全相反的观点："肯定不是活的！"双方之间完全对立,互不相让。另有一部分学生,不能断言,不知所措。

接下来萨拉老师让学生按主张分组。主张"不是"的为A组,站到教室左边。主张"是"的为B组,站到教室右边。拿不定主意的为C组,站在教室中间。萨拉老师要求学生用5分钟时间组内磋商,然后萨拉请A、B两组对阵辩论,让他们轮流逐个发言,尽最大努力说服C组同学加入自己一方,辩论也等于是向C组发起攻势,最后比较哪个组争取C组学生加盟自己这一方的多。

A、B两组的孩子们使出了浑身解数。A组学生说:"想想看,太阳怎么会是活的呢?它会喘气吗?它会走路吗?它会说话吗?它会想事吗?"好像都不会,A组学生振振有词,咄咄逼人。哪知道B组学生立刻钻到空子:"植物是活的,你觉得它会想事还是会说话了?"的确如此,植物显然不会说话。A组学生说:"哈哈,猪笼草就挺会'想事儿'的,粘苍蝇吃还不聪明吗?"B组学生话锋一转,提出新的论据:"太阳会发光发热,没生命的东西,比方石头,就不会发光发热!"A组学生立刻反驳:"嘿,煤一点着不也会发光发热,你不会认为它是活的吧?(有人小声附和:还有微波炉呢!)"

B组学生说:"太阳是恒星,恒星总有一天会'死',变成白矮星和黑洞什么的,既然会死,现在想必是活着的嘛!"这是用倒推的方式得出结论。A组学生以其人之道还治其人之身,说:"手机要没电了咱们还说它'死了'呢(英语里没电用"die off"这个词),难不成你觉得你的手机这会儿是活的?"A组学生说:"生物都会繁殖,太阳可不会生小太阳!"B组学生说:"谁说生物都会繁殖,骡子会吗,狮虎兽会吗?"显然它们都不会,骡子是马和驴交配的产物,狮虎兽是老虎和狮子交配的产物⋯⋯

C组渐渐分化着,不少学生加入了他们赞同的一方。但也有不肯轻易屈从的中坚分子。他们觉得A、B双方谁都有点儿理,但都还不够充分。一个C组小姑娘严肃地问:"你们争太阳是不是活的,'活'的标准又是什么呢?"才准备鸣金收兵的对阵双方顿时又来劲儿了,A组学生说:

"活的就要会呼吸，会繁殖。""活的就是会新陈代谢！"B组学生说："活着就是要和周围有能量交换。""会死的东西才算活着！"

萨拉老师不失时机地收了网："争论的焦点其实不是太阳，而是'活'的判断标准。A组的'活'，是生物学标准，B组的'活'，是天文学标准。"当老师说到"能够繁殖"这条标准时，争上了瘾的孩子们又逮着机会了："是生物就会下崽儿吗？那骡子跟狮虎兽它们只能算非生物喽！"被逼得"走投无路"的萨拉笑着"投降"，反手又送出一招："科学分类标准本来就是人定的，大自然那么复杂，人定的条条框框难免会有漏洞，有例外！"

这是一个非常经典的课例，着眼于学生的思维训练。从课堂实施的角度而言，萨拉老师成功地激活了学生的思维，学生变被动接受为主动思考。美国著名教育家杜威说过："不断改进教学的唯一直接的途径，就是把学生置于必须思考、促进思考和考验思考的情境之中。"他还说过一句话："困惑是思考的不可或缺的刺激。"萨拉老师课堂开头的设问就非常成功，打破程式化的理论解释，用一个新奇的、让人困惑的问题激发调动起所有学生的兴趣，一个问题激活全班学生，把全班学生放在必须思考的情境之中，接下来A、B两组的相互辩论，就是相互促进对方思考，相互检验对方的思考。

值得一提的是，整堂课有三个地方挑战教师并考验教师，其一，在学生就事论事辩论一阵之后，有一个C组的学生提出"活"的标准问题，这个问题提得恰到好处，由刚才的现象辩论，上升到标准辩论。事实上很多课堂的学生限于思维能力，只能说到现象为止，那么教师必须点拨到位，要指导学生从现象到本质，从个别到一般。其二，当A、B两组陈述了各自的标准之后，教师必须加以明确的判断，这是对教师知识学养的挑战。一般情况下，很多教师会给辩论双方一个肯定的判断，草草结束课堂，但萨拉老师说出了非常到位的判断："A组的'活'是生物学的标准，B组的'活'是天文学的标准。"今天是生物课，当然以生物学为标准，简明扼要，一语中的，可见萨拉老师的学科功力。其三，是面对孩子的嘲讽"是生物就会下崽吗？那骡子和狮虎兽它们只能算非生物喽"，这对老师又是一次严峻的挑战,萨拉老师从容应对,以退为进,承认客观现实:"科学分类标准本来就是人定的,大自然那么复杂,人定的条条框框难免会有漏洞,有例外!"这句话还有激励的作用,潜台词是"你有本事吗,你想研究吗,今后你去研究探索生物世界的规律,你去发明一个更加完善的生命定义"。从这个意义上说,这堂课里这一个"不确定"的知识(即关于生物学的生命标准不能涵盖"骡子""狮虎兽"),比"确定"的知识点更重要,这个课堂的"留白"或许就能点燃一些孩子从事生物学探究的理想之火。

从学习效果来看,这堂课的意义不仅是学生学习到生物学的生命标准,如果仅从掌握生命标准来看,不需要这么教学,只要让学生翻到教材相关页码,把相关知识点背下来,辅之相关的练习,就足以对付中考。这堂课的主要作用在于训练学生的思维能力,一是对学生联想能力和类比推理的训练,课堂上学生们相互反驳的那些理由,或许我们会觉得太过浅显幼稚,但其中的意义也是明显的,比如从两个相距较远的"类"中迅速找到共同点(例如:骡子和太阳都不能繁殖、手机和太阳都有能量耗尽而"死"的可能),作为类比推理的起跳板,这种远距离联想能力的培养是十分有利的,或许就会产生创造的火花,引起创新的想象。二是对传统科学观的挑战,传统的看法是辩论双方总有一方是对的,辩论的结果一定是一方胜出,一方败北。但以今天的眼光看,科学争论的结果可能是双方皆输,也可能是两方"双赢";科学辩论也总会有不能完全被说服的"C组"人士存在,这第三方人士关于对立双方的观点既有认同,也有否定,不是简单地肯定一方,或简单地否定另一方。科学争论即使今天有一方暂时胜出,但未必永远胜出,科学往往没有永恒的胜出者,即使暂时的"输"也未必永世不得翻身。

这节课的区别既在当下,更在日后,一节课,我们或许觉得成效有限,但如果是10节课、100节课,如果萨拉老师在这个班级就这么一直教下去,教完6年中学,可想而知我们的学生将会有怎样的变化,其意义也可想而知。

(《今日教育》2016-10)

课堂是教师专业修养的体现

今天的教师都会说：课堂是教师的主阵地。这句话的含义主要是教师借助这个阵地实施教育教学，达成教育教学目标，此意义固然不错，但同时还意味着另外一层意思，就是这个主阵地直接表现出教师个人的专业修养、知识修养、能力修养、道德修养。

案例：

有一位教师教《动物——人类的朋友》，课堂上他向学生提问："你们知道哪些动物濒临灭绝吗？"学生有的说大熊猫，有的说东北虎，有的说北极熊，有的说中华鲟，有的说扬子鳄……教师也不知道到底谁对谁错，只好微微颔首，一一点头，想敷衍过去。没有想到，学生开始争论起来，要求教师评判谁对谁错，教师因为不知道谁对谁错，无法评判，灵机一动说："你们课后到图书馆或上网查一查。"一个学生站起来说："大概老师也不知道吧，刚才只有第一组说大熊猫是正确的，其余都是错的，其他还有西伯利亚虎、亚洲黑熊、非洲犀牛、北美玳瑁、亚洲猩猩……"他一口气说了近10个物种，教师面部表情十分尴尬。

这位教师很显然没有认真备课，他在课堂上的随意一问，把自己的知识缺陷充分暴露出来，教师即课程，每个教师走进教室，就代表所任教的课程，其专业修养就会在课堂表露出来，其知识水准以及敬业精神都会充分表现出来。

这个案例所暴露出来的问题看起来很荒唐,但在实际教学中并不是极个别现象。

有专业机构曾经调查教师的读书状况,结论是:中小学语文教师读课外书极少,现状很不乐观。具体表现在:(1)对当代作家作品了解不多。在问卷调查中列出的几部较为优秀的当代文学作品中,能够写出茅盾文学奖获奖作品作者的竟没有一人。(2)对青少年读物缺乏关心,调查中绝大多数对适合青少年阅读的优秀作品知之甚少。(3)对当代期刊留意不多,尤其是一些可以作为中学生课外读物的期刊。调查者认为,造成这一现状的原因较多,简单化的应试评价体系是许多教师只读课本不读"闲书"的一个重要原因,教学之外过于繁杂的事务,耗费了教师大量的时间和精力,有的甚至疲于应付,很难静下心来认真读书,这些都是客观原因。假如教师主观上有强烈的愿望,有一种上进的动力,有一种自我塑造的要求,那么这一切又是另当别论了。教师自己缺少足够的阅读,必然缺少对学生有效的指导,同时也导致了课堂教学视野的封闭与狭窄,以及教学中人文精神的稀薄和缺乏。

现实教学中教师知识修养、能力修养的不足严重影响教学效度的达成,也就是说由于教师水平不够高导致教学缺乏吸引力,教学缺乏一定的梯度,最终学生在课堂上几无收获,这种现象是比较常见的。福建师范大学中文系教授孙绍振曾经说道:"现在的中学语文教学为什么枯燥乏味?主要是因为语文教师难以讲出学生不知道的东西。课堂要有吸引力,在知识与分析层面上教师与学生应该有落差。对于文本,如果教师在讲解上不能出新,如果教师在课堂上的分析都是学生在一般资料上就可以看到的,学生就不会信服你,课也不会上得生动。"孙老师说的是语文教学,其实各科教学或多或少都存在着类似的现象。有许多老师自以为是地觉得自己是大学本科毕业甚至硕士毕业,教教中小学生根本不在话下,其实不然,教材所涉及的内容你未必知道,即使知道一些你也未必理解深刻,这就要求教师提前做好认真深入的备课,否则在课堂中草草教学,草草收场,学生几无所获。

教师如果不努力提升自己的专业修养水平,就无法面对网络化、信息化条件下的课堂教学,就无法面对知识面相对较宽的学生。周国平曾经说:"我心目中的好老师最主要的是两点:一是他本身热爱智力生活,热爱知识,有学习、思考、钻研的习惯,亦具备良好的智力品质;二是爱学生,拥有广博的'父母本能',真正把学生当作目的,能把学生的进步感受为自己的重大人生成就并为之欣喜。这样的老师,因为第一点,学生敬佩他,因为第二点,学生喜欢他。"周国平所说的第一点就是要求教师应该有广博的知识,博闻强识。

一位教育家曾说过:"教师一方面要献出自己的东西,另一方面要像海绵一样吸收东西,从人民、生活和科学中吸收好的东西,再把这些东西献给学生。"教育家夏丏尊谈起李叔同时曾经说过:"李先生教图画、音乐,学生对图画、音乐看得比国文、数学等更重。这是有人格作背景的原故。因为他教图画、音乐,而他所懂得的不仅是图画、音乐;他的诗文比国文先生的更好,他的书法比习字先生的更好,他的英文比英文先生的更好……这好比一尊佛像,有后光,故能令人敬仰。"李叔同先生渊博的知识修养使他的教学如鱼得水,使他的人格魅力深深吸引了学生,夏丏尊所说的"佛光"就是以深厚的学养为基础的人格魅力。优秀的老师都是相似的,苏霍姆林斯基所在的帕夫雷什中学,有位老师上了一堂十分精彩的课,有人问他,你为这堂课准备了多久?这位老师的回答是:准备了一辈子。教师的每堂课都是他一生知识修养的外在显现。

曾经记得有位地理老师在黑板上徒手将中国地图连带省份划界一起画得惟妙惟肖,徒手将世界地图连带国界画得惟妙惟肖。学生看得目瞪口呆,对这个有绝活的地理老师充满钦佩。从知识的层面上讲,地理就是地上的道理,如果没有空间思维和平面转换能力,地理永远学不好。从情感的角度讲,有绝活的老师往往有深情,有真气。教育是培养人的活动。教师的劳动过程,是人与人之间相互作用的过程。教育活动的本质和教师的劳动过程,要求教师的劳动必须具有正确的示范性。具体地说,教师是用自己的思想、言行和学识,通过榜样示范的方式去直接影响学生的。

在今天的时代里,知识和技术发展更新的速度越来越快,让人们应接不暇。知识不再只是一次性的储存物。而是一种可用此不断开拓、不断补充的武器。对于教师来说,他们固有的知识在浩瀚的知识海洋里就如同一滴水滴,因此驾驭知识、补充知识的终身学习能力对他们来说就如同人体的呼吸、消化对于人体健康那样重要。

一个优秀教师起码应该具备三个方面的知识,即教师的本体性知识、条件性知识和实践性知识。教师的本体性知识,也可称为学科性知识,指的是教师所具有的特定的学科知识,如语文、数学、英语知识等。它是教师成长的必要条件,但不是充分条件。教师的本体性知识与学生成就之间并不存在着统计上的直接相关性。也就是说丰富的学科性知识并不是成为有魅力的教师的唯一条件。教师的条件性知识指的是教师所具有的教育学、心理学方面的知识,所谓教育或教学,从通常的意义上来讲,就是教师将知识用儿童可以接受的方式、生动活泼地教给他们。"儿童可以接受的方式""生动活泼"就是教师的条件性知识。因此条件性知识是保障教师成功的前提条件。教师对条件性知识的掌握一方面同本体性知识一样,可以通过系统的学习,另一方面,更重要的是必须在教育、教学过程中逐渐地了解和习得,需要动态性地去把握和领会。教师的实践性知识指的是教师在面临实际的课堂情境时所具有的课堂背景知识以及与之相关的知识。它更多地来自教师的教学实践,具有明显的经验性成分,教师教学经验的累积,实践性知识对于教师的专业发展具有决定性的作用。事实上,教师的专业发展既是工具性和技术性相结合的活动,又是教师在实践中不断思考的过程。因为,教育实践的情境总是处于不断变化之中的,而原有的理论和知识只具有相对的概括性和普遍性,这就决定了教师不能仅凭所学的本体性知识和条件性知识进行专业的实践尝试,还必须面对充满不确定性的教育环境在实践中不断研究,如反思性教学,开展行动研究,把所学的知识与教育实践有效结合起来,才能逐步形成优化的教学实践,从而真正使教师的专业水平得到良好的发展。

(《今日教育》2017－2)

课堂里的课程意识

自从新课程改革以来,老师们积极行动,开展了一系列的课堂教学改革。有专业研究人员曾经做过粗略统计,中国教师发明创造了 6 000 多种教学模式,毫无疑问这些改革都取得非常积极的作用。教学改革当然是课程改革,但仅仅是课程改革的一个方面,怎么教固然重要,但我以为更加重要的是教什么,也许老师们会认为教什么,课本教材、教学参考书已经清楚地规定好了,按照要求实施教学即可,我以为并非如此简单。

郭初阳老师教学《〈伊索寓言〉一则》,郭老师别开生面,几易版本,给孩子们分别呈现了 1.0 版、2.0 版、3.0 版三个不同的寓言版本。

1.0 版。有个牧人赶着羊到村外较远的地方去放牧,他常常开玩笑,高声向村里人呼救,说有狼来袭击他的羊。有两三回,村里人惊慌地跑来,又都笑着回去。后来,狼真的来吃他的羊了。他放声呼救,村里人都以为他照例又在开玩笑,没有理他。结果,牧人的羊全被狼吃掉了。这个版本是寓言原版。

郭老师让孩子们读了上面的故事后,请他们说说"这个故事是说明了什么"。答案比较统一:说谎的后果很严重。郭老师则把这个版本命名为《开玩笑的牧人》。

2.0 版。有个牧人赶着(全村的)羊到村外较远的地方去放牧,他常常(遇见狼),高声向村里人呼救,说有狼来袭击他的羊。(很不巧,等村里人赶到的时候,狼都已离开了,羊也都没事。)有两三回,村里人惊慌地跑来,又都笑着回去(以为牧人在开玩笑)。后来,狼真的来吃他的羊了。他放声呼救,村里人都以为他照例又在开玩笑,没有理他。结果,(全村的)羊全被狼吃掉了。

郭老师已经对原版作了相应的修改,他把这个版本的故事叫作《说真话的牧人》。读完这个故事后,孩子们对上面两个版本的故事作了比较,发现说真话的牧人跟说假话的牧人的后果一样严重,甚至损失更惨重。

3.0版。有个牧人赶着(全村的)羊到村外较远的地方去放牧,他(说自己常常遇见狼)高声向村里人呼救,说有狼来袭击他的羊。(很不巧,等村里人赶到的时候,并没见到狼,羊也都没事。)有两三回,村里人惊慌地跑来,又都笑着回去。(有狼?这似乎是不可能的,因为很多年来,村里别的人从没有遇见过狼,全村的人都不相信会有狼,除了那个牧人——他不断散布有狼的言论,让整个村子感到紧张不安。于是村里人勒令牧人戴上一个特制的口罩,让他保持安静,不许再发出声音。)

后来怎么样呢?郭老师让孩子们猜答案,让他们设计一个特别的、出人意料的结尾。孩子们很优秀,通过思考、讨论,设计出了种种不同的结局,有平安的结局,有英勇的结局,有皆大欢喜的结局,也有悲惨的结局。郭老师把这个版本的故事称为《发出声音的牧人》。

郭老师跟学生一起小结了三个不同版本的故事,分别为"假话、真话、意见(难辨真假)"。郭老师适时地出示了大哲学家密尔在《论自由》中的一句话:"迫使一个意见不能发表的特殊罪恶,乃是它对整个人类的掠夺。"郭老师让孩子们探讨这样四个问题:1. 在3.0版中,牧人的意见不能发表,最严重的后果是什么?2. 你有过"意见不能发表"的经历吗?感觉如何?3. 你有过迫使别人"意见不能发表"的经历吗?当时为什么这么做?4. 一个意见和整个人类的密切关系,你可以举一个例子来说明吗?你有过迫使别人"意见不能发表"的经历吗?当时为什么这么做?

郭老师把孩子们的思维拉到了很深很远的地方,但他收放自如,最后引出伏尔泰的话"我不同意你的观点,但我誓死捍卫你说话的权利",轻轻松松地将孩子们的思维拉回到最初的《狼来了》的故事,让孩子们明明白白地理解《发出声音的牧人》其实讲的是"发言权""话语权"的问题,是"人人都有发表自己意见的权利"的故事!

毫无疑问这堂课是创新的语文课,创新的体现就在于教师彻底颠覆了传统的语文课堂,颠覆了语文教师的常态行为,一般的语文教师永远是把教材文章作为客观存在,作为静止不变的客观实体学习内容,你可以选择不同的文章做教材,教材编者可以对原文做点删节,甚至做点小小的改动,但教师是不去改动教材的,基本上就是"拿来主义",教师只是研究怎么教好的问题,说到底基本停留在教学方法层面的改革。而郭初阳老师把教什么的问题摆在第一位,这是课程意识的最好体现,他的课堂改革改的就是教学内容,他重置了课堂教学内容,把传统名篇通过创造性的改编,由一而三,由一生三,一一对比,其目标指向非常清晰,不是简单地教语文,不是简单地教工具。他是既教语文,又教思想;既教工具,更教德育,教做人,教未来公民所应具有的基本素养,即教学生的核心素养,学会尊重,学会尊重他人的表达。

应该说郭老师的设计非常巧妙,基于自己的教育目标,对教材内容做了微小但又是根本细节的改动,改动的目的不是推翻原文,而是拿原文与改文做对比,开玩笑,说真话,意见难辨真假,三种情况一一对比,凸显话语权的问题,凸显教学的主旨所在——尊重每个人的话语权。郭老师设问惜墨如金,每个问题设计都非常考究,且环环相扣,我非常欣赏郭老师课堂最后所提的四个问题,尤其欣赏第三个问题"你有过迫使别人'意见不能发表'的经历吗?当时为什么这么做?"这是让学生将心比心,设身处地,反省自己,我们有些学生担任班干部,秉承老师的旨意,动不动管教别的同学,甚至不容别的同学辩驳,把自己的意志强加给其他同学,时间一长,他们很容易自以为是,走上社会,当上领导,颐指气使,管控他人。为什么会这样?有什么逻辑?最根本的一点,就是认为自己的意见是正确的,就是认为自己的意见就是真理,因此容不得别人辩驳。而且要维护自己的面子,要维护自己的领导权威。他们从来不问问自己:你敢肯定,你的意见一定是正确的吗?一定是最合理的吗?一定是最科学的吗?一定是无可争议的吗?他们从来不想想:人在宇宙中是如此渺小,你又何以如此居高临下,自以为是,容不得他人发言、辩驳?我想郭老师这个问题的抛出,对学生而言是刻骨铭心的!尤其是对班干部!这是一堂有文化含量的智慧课堂。

一线教师最喜欢听课观课的培训形式。通过听课观课,我们可以学习别人的教学技巧,学习别人的课堂模式,学习别人的管理方法,学习别人的技术手段,然后模仿运用在自己的课堂里。这当然是应该的,但是时间一长,也会出现这样一种情况:我们经常看到很多教师听课观课只关注这堂课上得好是用了什么方式方法、什么技术手段、什么教学模式,而不是关注人,不是关注这个把课上好的人,不是关注作为教师的文化素养。

一堂好课的组成要素有教学技巧、教学技术和课堂管理方法,但是仅仅掌握一些教学技巧、教学技术和管理方法是绝对上不出一堂有文化含量的智慧的课。智慧的课堂需要教师有深厚的学科修养,需要教师对教育、对课堂、对教师自身的意义有深刻的理解,教育到底应该干什么,教学到底要培养学生什么核心素养,课堂里最应该向学生传递什么,教师到底是什么角色。深厚的教育修养、学科修养需要教师深厚的积淀,深刻的课堂理解需要教师有批判性思维,郭初阳老师之所以能够上出这样的课,是因为他对教育,他对语文教学有自己独特的理解,他有自己的思想,他有批判性思维,所以能够重构课程,重构课堂。

我非常认同这样一句话:"教师是成人世界派往儿童世界的文化使者。"教师就是承担着文化使者的使命,对学生负有精神引领的责任,郭老师这堂课就是引领学生认识人生,认识未来,认识社会。郭老师是浙江语文教师中的自由人,从体制中解放出来之后,进行了一系列大胆的探索与实践,产生了非常大的影响,他的课堂鲜明地体现了课程的意识。

《今日教育》2016－11

课堂教学要目中有人

新课程改革以来,随着大量的教师培训,几乎每个老师都会说"一切以学生发展为本""课堂教学要基于学生、为了学生、服务于学生"等先进理念。但先进的理念不能只是出现在口号里,不能只是出现在论文中,思想理念更应该实实在在地落实在课堂实践当中。我们不无遗憾地看到在实际教学中,有些地方有些教师也出现了理念不能落地,先进思想不能在课堂中充分体现的现象,值得我们反思。

故事一:

小学二年级的学生正在学习《带着尺子去钓鱼》。文中说,在丹麦,钓到22厘米以下的鱼必须放生,否则会受到严厉的惩罚。教师提问学生:"他们会受到怎样严厉的惩罚呢?"教师问话的逻辑重音落在"严厉"一词,孩子们经过多次训练已经非常清楚,教师问话的逻辑重音落在哪个词语上,哪个词语就是答案的方向。第一个学生大胆想象:"把钓鱼人丢进海里!没收他所有的钱!"教师一听不是答案,就摇了摇头。第二个学生立刻加码:"让他坐牢20年。"教师还是摇头。学生心想肯定是严厉程度不够,第三个学生说:"判他无期徒刑。"教师还是没有反应,仍然摇头。看样子不枪毙是不行的了,最后一个学生说:"枪毙!"……

我们怎么来评价这堂课呢?用一句话概括就是"没文化",这堂课的教学目标之一是让学生懂得公民要遵守法律,但学生回答的内容恰恰是草菅人命无视法律,教学行为与教学目标完全相反。从教学技术的层面上讲,这节课教师在不该设置问题的地方设置了一个问题,在学生回答问题偏离轨道的时候,没有立即纠正。从教学理念的角度讲,教师无视学生,目中无人,没有根据学生的情况加以指导,任其自然,教师基本失职。台湾黄炳煌先生曾说:"打高尔夫球,只要自己打得好即可;打网球,还要留意对方,有来有往;打篮球,还要兼顾团队成员的合作。"我们有一些教师采用的就是"打高尔夫球"的教学法,只管自己讲,不顾及学生反应,这可称其为有去无回的教学法。教师不仅应该关注学生的反应,还应该鼓励学生团队合作。

故事二:

> 一道语文试题:"一个春天的夜晚,一个久别家乡的人,望着皎洁的月光不禁思念起了故乡,于是吟起了一首诗。这首诗是什么?"
>
> 有一个学生答:"举头望明月,低头思故乡。"
>
> 老师给了一个大红的"×"。
>
> 老师的标准答案是"春风又绿江南岸,明月何时照我还"。

这也是十分典型的目中无人的错误,教师根本不去分析学生答案的正确与否,只知道按照所谓的标准答案批阅试卷,而标准答案并不标准,并不是唯一答案,教师不去分析学生答案的合理性,草率给出评判,造成笑话。目中无人的现象比较常见,比如有的教师上课基本不看学生,看天花板,看远处,就是不直视学生。有人曾经做过调查,问学生:你在课堂上是否能感受到老师与你有眼神的交流?回答"总是"的,只有8%的学生,就是说不少教师课堂上基本不看学生的眼睛。眼睛是心灵的窗户,优秀教师借助看学生的眼睛,基本可以判断出学生当时的思维状态,教师因此可以适时调整,从而实现针对性的教学。于漪老师说过:"有眼力的教师看学生总是巨细不漏,越是细微之处,越不让它在眼皮底下溜走。撇一撇嘴,脸上掠过一丝笑意,目光中突然出现某种异彩,这些细微的表情、动作瞬息即消逝,教师如果能迅速地捉住,和彼时彼地联系起来思考分析,就可窥见学生心中的'那一角',窥见他们对某些问题的所见所思。"窥见那一角,教师就可以调整自己的教学。

故事三:

有位年轻漂亮的女教师上一堂古代诗歌复习公开课,这位教师煞费苦心,设计了一个很好的开头,出了一个上联"同学是小荷才露尖尖角,早有蜻蜓立上头",要求学生用学过的古诗对出下联。这是一个完全开放的题目,而且可以调动学生的记忆,起到复习古代诗歌的作用。有位学生说:"老师是春色满园关不住,一枝红杏出墙来。"当时听课老师哄堂大笑。执教老师非常尴尬,脸颊绯红,不知如何是好,她不自然地说:"怎么能说老师是红杏出墙呢?"结果引来听课老师们更大的笑声。

这位教师确实认真备课了,开头出的题是好题,却没有上好。没有上好的原因就是她只备课却没有"备"学生,她没有事先设想学生可能怎么回答,自己应该如何应对,还是目中无人。青年教师没有经验可以理解,如果是有经验的中年教师上课,课堂教学过程中学生出现意料之外的答案是常有的事情,尤其是开放性的题目,学生越位出格很正常,教师应该沉着冷静,应该问问学生为什么这么回答,把学生的思维过程搞清楚,就能针对性地加以指导。课后问这个学生为什么这么回答,这个孩子说:"老师心地善良,待我们很好,而且老师长得像杏花一样美丽,今天有这么多外校老师来听课,说明老师影响在外,那不就是红杏出墙了吗?"这个学生的错误就在于不知道在中国传统文化当中,"红杏出墙"还有另外一层含义,明白了学生的错误,教师就可以针对性地指导了。苏霍姆林斯基说:"在每个孩子心中最隐秘的一角,都有一根独特的琴弦,拨动它就会发出特有的音响,要使孩子的心同我的讲话发生共鸣,我自身就需要同孩子的心弦对准音调。"对准音调,才能有效教学。

于漪老师曾说:"目中有人难,心中有人更难。心中有无学生,是道德修养高低的问题。"确实如此,教学的细节问题,反映的却是教师的理念问题,反映的是教师的修养问题,反映的是教师心中是否真的装有学生,心有学生,就会处处为学生考虑,为学生着想;反之目中无人,只有课本,只有知识,没有学生。于漪老师说:"教学当然是以教材为依据来教学生。然而,在教学过程中,手中的书和面对着的人——学生,常常不能正确地放在应有的位置上。……这种目中无人的观念是糊涂观念。这种观念的缺陷在于:没有清醒地认识到教学必须从学生的实际出发,必须坚持唯物观点;没有清醒地认识到培育学生成长成人是教育教学的大目标,一切教学活动必须服从于这个大目标,为实现这个大目标服务。"而这正反映出教师的教育伦理、道德修养。

于漪老师说:"没有学生就没有学习,也就没有教学。教师必须树立目中有人,也就是目中有学生的观念。这里所说的学生,绝不是抽象的概念,无血无肉的,而是活生生的青少年。每一个学生是具有个人特点的,有自己的理想、兴趣、爱好,有自己的智慧和性格结构的人。"目中有人,因材施教,这是课堂教学的基本原则。

(《今日教育》2017-1)

把更多的机会留给学生

明德首届高中生入校,这是我关心的一个重点,2016年12月连续听了好几节高中的课,老师们课前无一例外地做了十分认真的教学设计,课中都自觉运用了明德课堂教学模型要素并精心组合,充分体现了明德青年教师对教育的一腔热忱,对课堂教学艺术的执着追求,以及名校毕业生的专业修养,展现了青年教师年轻的风采。当然我也遗憾地看到年轻教师成长过程中的问题,我以为教师在自我表现的同时,更应该给学生充分表现的机会,给学生更多的思考时间,给学生更多的练习次数,给学生更多的表达机会,毕竟学生才是学习的主体。

要雪中送炭,不要和盘托出

语文课,《赤壁赋》教学,教师抓住情感主线,由乐而悲,由悲而乐,为何而乐,因何而悲,又为何转悲为喜?眼前的景,心中的情,脑中的理,人生无常,生命短暂,理想与现实的矛盾,从屈原到王国维,除了屈、王二人,文人几乎没有自杀现象,变与不变,取与不取,教师的学养可谓深厚,教师的准备可谓充分。但是这里需要讨论一个问题,教师准备的内容是否都要和盘托出,倾盆大雨般地倾泻给学生。我的意见是要雪中送炭,不要和盘托出。和盘托出,其实就是教师完全掌控,学生则基本处于被动状态;教师的PPT太强势,完全预设,教师展现了自己的学识,但留给学生的空间、时间都太少,学生发起度低。应该让学生读,让学生疑,学生提不出问题,教师再提;让学生思,在思考的前提下,让学生讨论,学生思考不下去的时候,讨论不下去的时候,教师给台阶,给资源,在学生需要的时候雪中送炭,在学生无法深入的情况下再给学生提供相关的资源。

要顺势而下,不要强行扼制

地理课,《山地的形成》教学,背斜成谷,向斜成山,这是常态;教师非常自觉地运用了变异理论,提供了反例,有的特殊情况是背斜成山,向斜成谷,让学生充分理解正反两种情况,以期达到对事物的正确认识。教师提出"关于选择什么地形适合做大坝,什么地形适合做隧道"这一问题,教师在给出正例的同时,也给出反例,但学生在课堂上对老师给出的反例不甚理解,课堂上反复与老师较劲,学生有疑问,不同意老师观点的时候,这恰恰是本堂课最大的亮点。当确有不少学生不理解的时候,老师千万不要说:"下课我们单独讨论。"此话一说等于强行扼制学生的疑问,但学生的疑问并没有解决,学生课堂学习效果大打折扣。这个关键的时候教师应该沉得住气,顺势而下,不但还原反例,更进而提供原型,即把可能出现的所有类型情况归类列出。在这个问题上原型无非就是四种情况:背斜高向斜低,背斜低向斜高,背斜高向斜高,背斜低向斜低。然后逐一让学生讨论四种情况,逐一辨析,水到渠成,学生就会心领神会。讨论的时候,也不必总是教师讲解,而应该让学生讲解,兵教兵,有时候比官教兵效果更好。

要迎难而上,不要浅尝辄止

杜威说:"困惑是学生思考不可或缺的刺激。"教师教学过程中常常会资助过度,就是通过给解释、给支架等方式降低问题难度,一旦降低难度,就激发不了学生深度思维的灵感。课堂是思维的体操,需要给学生不断训练思维的机会。地理课,教师在讲反例的时候,不要一开始就把那条至关重要的辅助线——虚线给学生,那样的话学生一看虚线就明白了,思维没有得到充分的锻炼。开始不给学生虚线,让学生自己去想,让学生自己去添加虚线,学生经过思考学会添加虚线,就是一个很好的思维锻炼。生物课,执教的是比较成熟的教师,有过五年的教学经历,非常老练,但这堂课学生几乎没有多少错误,事前做学案,课堂通过小组合作式学习把答案在小组内统一了,基本上就没有错误了,这个时候,教师老练地提醒一些易错点,这是对的,但如果能够提供一些变异现象,比如旁例、反例,让学生出点错,动点脑子,那样效果会更好。

数学课很干净,没有旁生枝节,让学生不断地练习,动笔就是动脑,但也是在一些环节上教师急不可耐地要指导点拨,比如挑战性的试题,完全可以先让学生独立思考,再小组讨论,讨论不出结果,再由教师点拨。不要在学生尚未思考的时候,教师就站出来边问边答式地指导起来,结果无形中降低难度,让学生错过一次很好的思维训练机会。降低难度极易导致学生浅尝辄止,不如迎难而上,给学生困惑,激发学生的思维活力。

要联系社会,不要止于生活

政治课,《市场配置资源》教学,这堂课的最大亮点就是教学设计把网约车作为典型案例,分析讨论如何实现市场资源的合理配置,联系社会生活进行教学,学生感同身受,有话可说,有很强的现实感,有直接情境性,所以学生发言踊跃,课堂气氛好,也讲出了一定的见解。问题在于联系社会生活,但不能止于生活,也就是说,这种现实感很强的课一不小心容易忽略专业性,忽略专业表述,学生的发言基本上就是生活化表述,因此需要教师强化专业表达,让学生学会专业表达,这是高中学科教学的一个基本目标。

要鼓励积极,不要忽略全体

政治课,教师让学生以最近深圳市交通运输委员会召开"网约车管理办法"研讨会为案例,让不同组别的学生分别扮演专家、出租车司机、消费者、滴滴公司管理人员发表见解。角色扮演的方式很好,而且这个角色与学生贴得比较近,就在眼前,所以学生很愿意说,但小组讨论这个环节处理不当,导致有些学生成为被遗忘的角落,积极的学生积极发言,不积极的学生无所事事,应该先让每个学生独立思考,每个学生先自己草拟几条意见建议,再来讨论。这样才能实现让每个学生都要思考,因此也就都有提高。

要自主总结,不要代行其事

课堂结束之前应该要有总结这个环节,但是不要由教师自己来做,应该让学生来做,学生总结既是检验学生本堂课所学几何,也是让学生学会总结的唯一途径,如何总结,从哪几个维度总结,总结什么,等等,学生学会总结是这堂课学生收获的标志,及时总结是一种很好的学习方法、学习习惯,坚持下去,学生将获益良多,不会总结必然是狗熊掰棒子,吃一半丢一半。教师如果代行其事,不让学生先思考,自己就跳出来边问边答式地总结起来,错过了让学生学习总结的机会,那么学生的主体意识也不可能真正建立起来。

总而言之,课堂教学一定要让学生行动起来,这也是行为目标的根本要义。

(《未来教育家》2016 - 12)

把课堂打开

　　过去教科书就是学生的世界,今天世界是学生的教科书。有人曾经说过:一个人生活的广度决定他的优秀程度。这是有一定道理的,当孩子们看到的世界大了,才能更加宽容,才能更加坦荡。世界有太多的内容需要他们去熟悉和探索,绝对不仅仅局限于学习他国的语言。语言只是一种工具,比它更重要的是学习陌生的文化与历史、他国的人文与生活。

　　课改进行了这么多年,学校教师热衷于改变课堂也这么多年,但改来改去无非形式更程序化,结构更精致罢了,没有多少实质变化,而且实话实说,总觉得现在有些课堂改到最后越来越小家子气了。人有格局,课堂也有格局。格局要大,层次才高,格局狭小,层次局促。要促使课堂根本改变,还需要打开课堂,不要没完没了盯住小打小闹的细枝末节,而是开放课堂,让学生视野、心胸也为之开阔。

　　这堂课正赶上情人节。学生正热烈谈论当年流行的"蓝色妖姬",有学生感叹:"蓝色真美!出污泥而不染。"教师心生一计,立刻在黑板上写上"Blue",教师问道:"what does 'blue' mean?"学生回答:"蓝色……"教师追问:"Does it have other meaning?"少数学生回答:"忧郁。"教师补充说:"Blue在英语中还有一个意思——高贵。欧洲的贵族便往往被称为'blue blood',所以我们说高贵的人往往是忧郁的,他们总是不开心。要开心,就得做穷人,所以叫'穷开心'。"学生哗然。教师乘胜追击:"Blue还有另外一个意思——淫荡。所以 Blue book 其实就是黄色书籍。"学生惊异地睁大眼睛。教师说："你们说,在中国文化中,高贵是什么颜色?"引导学生进行文化比较。学生说："黄色!皇帝的龙袍、宫殿的颜色都是黄色的!"教师说："很好,中国文化中,什么颜色表淫荡?"学生迟疑地回答:"黄色……"教师说："哈哈,原来普天之下,高贵的偏偏就是淫荡的!"学生不仅记住了单词的意义,而且引发了文化的思考。

这位英语教师够聪明够机智,学生之间一个偶然的言谈触发了教师的灵感,教师宕开一笔,课堂即刻出现无限生机,既让学生掌握了"Blue"的四个意思,又了解了词语背后的文化。难能可贵的是教师不失时机地自然比对了中西方文化的一个细节,我不敢说全班学生会怎样,但我可以肯定的是,这个班总有学生会产生疑问:为什么代表东方语言的中文和代表西方语言的英语在这个问题上居然奇妙地相似?如果有学生关心时事,他或许就会产生联想:为什么中央纪委抓出的许多贪官污吏几乎都有这方面的毛病?这又是什么原因?

什么是好的课堂?学生带着问题走进课堂,又带着新的问题离开课堂,这就是好的课堂。做到这一步关键就是教师的开放,心态开放,思维开放,课堂才会开放。

历史课上的《朝鲜战争》,一般的教师就是带着学生把教材里的标准答案找出来并接受记住而已,但优秀的教师不会用灌输的方式,提供给学生现成的答案,除了给他看人民教育出版社编写的历史课本,再给他们看朝鲜教材、韩国教材、俄罗斯教材、美国教材,同一个历史史实,给学生看五种不同的教材、不同的说法甚至是完全相反的说法。

比如关于战争的直接起因,朝鲜教材把原因归结为韩国和美国,他们的教材是这样说的:"美帝国主义为进攻北方进行了缜密的计划和充分的准备,终于在1950年6月25日掀起了反对北方的侵略战争。"韩国的教材是这样说的:"1950年6月25日凌晨,朝鲜越过三八线,开始南侵。"美国教材是这样说的:"(朝鲜和韩国)两个政府沿着分界线的对立非常紧张。1950年6月25日,朝鲜军队入侵南方,他们的行动显然得到了斯大林的允许。"美国和韩国教材非常明确地点出是朝鲜先行"入侵"。而我国人民教育出版社的教材是这样说的:"1950年6月25日,朝鲜内战爆发。朝鲜人民迅速攻占汉城,并向南推进,韩国军队节节败退。这引起了美国的强烈反应。"人教版的教材是有意识地回避,但仍然隐隐约约地透露一些真相。而俄罗斯的教材则是这样说的:"(朝鲜和韩国)两个政权都镇压反对派,并开始准备武力夺取整个半岛。1950年6月,北朝鲜军队侵入南方,并正式宣布他们是为了反击李承晚军队的攻击。"

五个版本的教材各自不同的说法一下子就把学生的思维激活了,他们不再是单纯被动地接受现成的教材答案,他们要学会比较,学会鉴别,学会探究,学会批判,长此以往,学生的视野就开阔了,学生的思维就灵活了,不但会理解分析,也会批判运用,这不就是所谓的核心素养吗?

课堂打开之后,还需要聚焦,这是一个技术问题,请看案例:

> 两位高中语文教师执教同一篇课文《项链》,课的前半部分两人似乎没有什么区别,教师先让学生阅读课文;然后教师提出问题:"说出你对'项链'的看法。"于是学生畅谈心得。但是课的后半部分两位老师的处理不尽相同。
>
> A老师鼓励学生畅谈心得,有半数以上的学生发言,说出了自己的见解,并作了简单的阐述。如"挫折使人领悟了真实的生活","人不应该有虚荣心"之类的。A老师对学生所说的一些观点都给予"有新意"一类的鼓励和肯定,直到不再有学生举手,A教师进行简单总结。
>
> B老师也是鼓励学生发言,听着学生的发言,B老师的大脑没有闲着,而是在分析学生的发言,概括提炼,将学生的各种心得貌似无序地写到黑板上;然后加以组合,学生发言完了之后,最后形成四组八种解读:
>
> 性格的审视:虚荣——自尊
>
> 情感的评价:同情——微讽

人生的感悟：悲剧——喜剧

哲学的思考：偶然——必然

接下来 B 老师要求学生选择与自己的观点对立的观点进行辩论。学生兴奋异常，进入热烈辩论状态。

我以为 A 老师的这堂课是有问题的，他所组织引导的讨论是低效讨论，基本停留在学生自说自话的层次，学生之间根本没有形成有效的对话。课堂上教师组织学生讨论，出现以下情况将导致讨论低效、无效：或者课堂情境中所显示的矛盾不够尖锐，或者讨论的话题两难情境不够明显。显然 A 老师的课属于此种情况，学生之间的观点没有形成矛盾，教师没有设置两难的情境，因而无法激发他们开展批判性思维的灵感。B 老师的课堂则完全相反，经过教师的提炼，把看似无关的观点组合起来形成矛盾对立，也就是开放之后要聚焦在具体问题上，并且形成观点交锋式组合，这样，学生之间就可以展开对话，思维冲撞不可避免地产生，这堂课的效率就会大大提高。苏格拉底说："没有一种方式，比师生之间的对话更能提高沟通能力，更能启发思维技能。"而课堂内的生生对话、师生对话，关键还在于教师的把握，在于教师课堂上的适时调控。

总结上述三个案例会发现一些共同的规律，其中最重要的是教师的个人素养，教师的知识积淀，教师的临场捕捉，教师的临场调控。第一个案例，英语教师从学生不经意说的一个词展开，启发学生文化性的思考，看似随意，其实反映出教师的文化积淀，也反映出教师敏感捕捉教育资源的能力。第二个案例，历史教师在教学设计阶段就是开放的，把五种教材通通拿来为我所用，没有相关的视野是做不到的。第三个案例，反映出教师出色的课堂调控能力，而之所以这样调控，与教师对课堂的深刻理解是分不开的，有这样深刻的理解，才逐渐养成杰出的课堂驾驭经验。

教师思维的解放、视野的开阔才有课堂的打开，杭州越读馆郭初阳老师，在"经典阅读课上，他会给学生讲史铁生的《命若琴弦》、讲法国作家菲利普·德莱姆的散文；文法与修辞课上，他会跟学生聊文学作品中的'幻境'，比照杜甫《对雪》中的那句'瓢弃樽无绿,炉存火似红'与安徒生《卖火柴的小女孩》的暗通之处;通识教育课上,他用《铅笔的故事》做铺垫,跟学生讨论经济学上自由选择的原理;艺术鉴赏课上,他会跟学生聊生活中的设计,聊日本设计大师原研哉;电影鉴赏课上,他跟学生一起看《灰熊人》《十诫》,谈人和动物的关系、谈生命的可能性。"(引自马用雷《体制外的课堂还有这样的语文课!》)教师开阔的胸襟打开了课堂,从而开阔了学生的视野。

(《今日教育》2016-9)

教师带着学生走向教材

课堂教学三要素是教师、学生、教学内容。教学内容一般体现为教材,教材是教学的主要依据。教师教学过程中如何对待教材,如何对待学生,是教学生,还是教教材,这是有明显区别的。如何处理教师、学生、教材三者之间的关系,存在着三种方式:教师带着教材走向学生,教师带着学生走向教材,学生带着教材走向教师。这是一个有趣而且值得讨论的问题。

所谓教教材,就是教师把教材当作唯一且不可改动的教学内容。在课堂教学过程中,教材里有什么教师就教什么,教材里怎么说教师就怎么教,严格遵守教材,亦步亦趋,不越雷池一步。但教材不是《圣经》,一个美国人写了一本书,书名就是《老师的谎言——美国历史教科书中的错误》,洋洋洒洒几十万字,我不敢说这书所讲的都是对的,但至少可以断定教材也是有问题的。人民教育出版社的政治教材说道:"纸币没有价值尺度、贮藏手段、世界货币的职能。"仅隔几页又说:"美元、英镑、日元等纸币有世界货币的职能。"前后自相矛盾,这样一个明显的错误居然用了比较长的时间才纠正过来。张作霖第六子张学浚的儿子张闾实曾经指出,人民教育出版社2002年出版的高中《中国近代史》教材中注明张作霖的照片并不是自己的祖父张作霖,其实是一位湖南督军何海清。何海清的孙女何全美表示,自己看到后也一眼认出了教科书中标注着张作霖名字的照片其实是自己的祖父何海清。(《文汇读书周报》2013-2-1)由此可见,盲目地迷信教材也是错误的。其实教教材的最大问题不在这里,而在于教师目中无人,只有教材,没有学生,只要把教材讲完,教学工作就算完成,至于学生的基础怎样,如何学习方式最佳,最终学到了什么,学的效果如何不闻不问,这种教学不是基于学生的教学,不是为了学生的教学。

所谓教学生,不是教材里有什么就教什么,而是学生需要什么才教什么,不是根据教材的结构来选择教学的结构,而是根据学生学习的心理结构和行为规则来决定教学的结构和规则,这就是基于学生的教学。美国年度教师肖恩曾说:"在我的课堂上,我不教英语,我教学生。"学生先于内容。我认同这样一种教学方式,凡是学生已经懂的,教师只要检查就可以了;凡是学生不懂但学生自己看教材可以搞懂的,教师就让学生看教材,并让学生概括、提炼,在学生概括不到位、提炼不到位的时候,教师帮助他们概括提炼到位;凡是学生不懂、看教材也不懂,通过合作学习可以弄懂的,教师就组织学生展开讨论与交流,所谓合作式学习,一定是在个体学习没有办法解决问题的时候才展开合作学习;凡是学生个体学习没有解决、合作学习还是不能解决问题的时候,就该教师讲授了,教师的讲解必须言简意赅、清晰明了,便于学生理解接受,如果教师的讲解能够做到生动有趣,那效果更佳;凡是教师讲了学生仍然不懂,那就必须通过实践才能让学生理解,教师就要进行活动设计与示范,带领学生开展实践活动。著名数学家波利亚说过:"学习任何知识的最佳途径是通过自己的实践活动去发现,因为这种发现理解最深,也最容易掌握内在的规律、性质和联系。"作为教师要树立正确的学生观、教学观,以学生为主体,基于学生的实际进行教学。

不同的教材观,不同的学生观,对教师、学生、教材三者之间的关系就会有不同的处理方式。第一种方式:教师带着教材走向学生。这就是所谓传统的教学方式,教师备好课,把教材、教案带进教室,照本宣科地向学生讲述教材内容,不排除有些教师经验丰富,理解解读教材的能力很强,驾驭课堂的能力也很强,这样教学的效率自然也很高,对付中考、高考没有什么问题,但这样教学的最大弊端就在于学生始终处于被动状态,教师始终处于强势的主导地位,教师牵着学生鼻子走,学生不能有丝毫自己的主张,被动地跟着教师走。第二种方式:教师带着学生走向教材。学生是学习的主体,教师像是导游,教师引导学生走向教材,去领略教材、理解教材知识内容,教师不会强势掌控学生,而是基于学生循循善诱,依据学生顺势而为。第三种方式:学生带着教材走向教师。这是最理想的方式,也是最难实现的方式,学生完全成为学习的主体,主动学习,发现问题,分析问题,解决问题,问题自主解决不了,则向教师请教,我以为这是最佳的学习方式,但并不是所有学生都能达到这样的学习境界。

案例:《只有一个地球》两个课例比较。

课例之一:

(学习文章第1段后)

师:你们觉得地球美吗?

生齐:美。

师:你们能美美地读一下这一段吗?

生齐:能。

师:谁来读?

生踊跃举手,师指名读。

师:你读得不错。谁能再有感情地读一下呢?

一生读。

师:你读得真有感情。

课例之二:特级教师支玉恒老师的教学情景

师:你读了这篇课文后,会有什么滋味?

生:甜甜的滋味。

师:哪里让你感受到甜甜的滋味?

生:文章第1段。

师:你能把它甜甜地读出来吗?

生读。

师:你为什么在"薄薄的水蓝色纱衣"这里读得很轻很轻呢?

生:我感觉就像一个母亲看到婴儿,非常喜爱,好像怕吵醒他那样,所以轻轻地读。

师：你的感悟真深啊！谁还能读出自己所理解到的甜甜的滋味？……

先看第一个课例，这个教学片段教师设计的问题简单平白，教师问题的答案就包含在问话本身，学生无需思考便可直接回答，教师始终是牵着学生走，学生处于被动状态，这就是典型的教师带着教材走向学生。第二个课例，支玉恒老师教学伊始提出一个开放性的问题"你读了这篇课文后，会有什么滋味？"总领教学，带着学生走进教材。学生自发述说自己的感受，支老师不是牵着学生走，而是顺着学生走，既然学生说"甜甜的滋味"，那么就让学生说说"哪里甜甜"，就让学生"甜甜地读出"，顺势而走，让学生自己走进课文的理解中。当学生诵读的时候，教师不是处于休息状态，而是追踪学生的行动，努力发现，积极提炼有价值的东西，支老师发现学生诵读的时候有一个地方处理特殊，马上追问："你为什么在'薄薄的水蓝色纱衣'读得很轻很轻呢？"教师的追问促进学生深入的思考，并让学生以主体的身份阐述自己的理解、自己的主张，把学生完全置于感悟者的主体位置，发表自己对课文的理解感悟，感悟颇深，学生也因此很有成就感，激励学生从被动回答教师的提问，转变为主动阐释自己的理解和感情。

教师在教学过程中应该起的作用：于无向处指向，于无法处教法，于无疑处生疑，于无力处给力。所谓于无向处指向，就是在学生没有方向的时候，教师应该给学生指明学习的方向；所谓于无法处教法，就是在学生没有办法解决问题的时候，教师应该教给学生方法，指导学生解决问题；所谓于无疑处生疑，就是在学生好像没有疑问的时候，教师应该提出更有价值的问题，学生有时因为知识结构和人生阅历无法提出有价值的问题，但并不是真的没有问题；所谓于无力处给力，就是在学生遇到困难没有力量解决问题的时候，教师应该给他相关资源，给他搭一个台阶，给他提供一个工具，帮助学生解决问题。

(《今日教育》2017年第3期，
发表时题目改为《处理教师、学生、教材关系的三种方式》)

课堂教学开头

新课程改革以来,各种名师悉数上台表演,公开课、示范课、观摩课、研究课,不一而足,一线老师起劲地观赏了名家名流风格各异、流派不同的教学表演,也学到了一些课堂教学经验、教学技巧,比如课堂教学开头要创设情境导入,于是教师们上课再不是开门见山、直截了当,而是开始创设情境了,但是在实际教学中出现了不少问题。

无逻辑的情境创设

所谓无逻辑情境创设,也就是教师所创设的情境和实际教学内容没有必然的逻辑关系,牵强附会地创设无关联情境。例如,有一位老师借班上课,一上来模仿名家的方法,向学生提出了一个莫名其妙的问题:"同学们,你们猜猜看,我姓什么?"例如,有位特级教师上公开课,课前为活跃气氛,问学生:"你们一定最想知道一件事是不是?"学生没反应,大概没有"最想知道"什么。教师只好再次追问:"你们最想知道什么?"终于有个学生说:"最想知道老师要教的是哪一课。"这不是这位老师所想要的东西,他只好自说自话:"你们难道不想知道我来自哪里吗?"教师姓什么与这堂课教学毫无逻辑关系,教师从哪里来与这堂课也没有任何关系,这样一种生拉硬扯的方式,不但无助于导入课堂,而且影响整堂课的教学效率。

案例一:

一位教师上"利息"一课,创设了如下情境:

"过年了,同学们最喜欢的是什么?"教师希望学生说压岁钱。

学生七嘴八舌地说喜欢放鞭炮、走亲戚、玩个痛快,就是不说压岁钱。

教师没辙了,只好自己说出压岁钱,然后又不辞辛苦地问了一句:"你们拿了压岁钱后会怎么办?"教师希望学生说存银行,因为存银行,就把这堂课的课题"利息"引出来了。

学生说:交给妈妈、买学习用品、支援贫困地区,教师所期盼的答案"存入银行"就是没有人说,教师只好自己说出来了。

这位教师设想的情境是这样一种逻辑:学生喜欢什么—压岁钱;压岁钱怎么办—存银行;存银行的结果—产生利息,于是引出课题。但第一个环节就没有必然性,学生所回答的并没有喜欢压岁钱,这个推演过程无法进行,于是教师强行推演;第二个环节又一次失败,学生所回答处理压岁钱的方式,并没有教师期望的答案,于是尴尬自然产生。表面上看好像有逻辑关联,其实前后没有必然的逻辑联系。现在有些教师的课堂就是这样,不再开门见山,而是无逻辑地绕来绕去。三分钟绕过去了,五分钟绕过去了,还没切题,纯属浪费时间。

不得体的情境创设

所谓不得体的情境创设,就是教师所创设的情境不但与教学内容没有逻辑关联,而且很不自然,很不得体,直接破坏课堂教学气氛。有一女教师,课前手持话筒对着台下听课大军大声问学生:"同学们,你们觉得我长得漂亮不漂亮?"开始时学生莫名其妙,后来明白她的意思,只得响应,但回答得不够大声。显然她不满足,于是她又连续追问三次,终于民意被强行阉割,学生们大声说"漂亮",她才罢休。教师漂亮与否与课堂教学没有必然联系,而且强迫学生在大庭广众之下赞美教师漂亮,既不民主,也很做作,明显的是模仿歌星、影星的做派,把上课当作表演。

案例二:

> 一位年轻的男教师借班上课,一上来向学生提出了一个令人匪夷所思的问题:"同学们,你们看我长得怎么样?"这个问题学生实在无法回答,说老师长得帅,其实老师不帅;说老师长得丑,其实老师也不丑。
>
> 学生沉默,教师只好自己回答:"我很丑。"这个老师明显不丑,这句话明显的是自我贬损,他说这句话不是目的,而是为了引出下一句话来:"但我很温柔。"一个男教师,何以如此娘娘腔?他说这句话还不是目的,而是为了引出下一句话来:"希望同学们能够在我温柔的课堂上诗意地栖居……"说得人鸡皮疙瘩都起来了。

这位教师的初衷很显然是要暖场,也就是创设温柔而有诗意的课堂气氛,结果却截然相反,很不得体,非常做作,课堂气场完全被教师的这几句话破坏了。课堂教学的开头创设情境固然重要,但一定要自然,一定要得体,千万不能做作,不能为了开头而开头,不能为了创设情境而创设毫无意义的伪情境。

无视学生的情境创设

所谓无视学生的情境创设,是指教师创设的情境视角不是落在学生身上,这在公开课里常常会出现,今天的公开课常常衍化成教师的表演课,课原本是为学生上的,但在公开课、示范课、竞赛课则不然,变成是为教师上的,是为了展示教师自身的素质,展现教师的教学水平、教学艺术,于是教师成了主角,学生成了教师表演的配角。这种情况下的情境创设必然是无视学生的,可谓目中无人。

案例三:

> 台湾老师与大陆老师同台献艺。大陆去的一位特级教师,一上课,让

台湾学生仔细看看从自己身上发现了什么?

台湾老师一上课,面对着全班学生,说了一句"同学们,你们好"以后,问:"同学们,我说的话,你们听得清吗?"又在黑板上写了几个字,问:"同学们,我写的字,你们看得清吗?"

不比不知道,一比就明白,都是课堂教学开头,都是热身,都是想通过自然地与全班学生交流,消除师生之间的陌生感。两位教师显然视角不同,虽然不能说大陆特级教师让学生发现自己有什么有很大的错误,但至少其视角不是落在学生身上,尤其是与台湾教师一比,更显得突出。台湾教师的视角实实在在落在学生身上,所关心的是学生们是不是真正听清了、看清了,看似寻常的问话,但不自觉地表现出这位教师心中有的是学生,是从学生实际出发。细究起来,这里还是看出价值取向的不一致。

以上我们谈论了有问题的案例,课堂开头导入的方式方法多种多样,有温故知新导入法,让学生在复习旧知识的过程中导入新知识;有趣味导入法,即讲一些与教学内容有关的游戏和趣味问题,让学生在欢乐、愉快的课堂气氛中开始学习;有故事导入法,就是适当引入一些教学典故,往往能激发学生学习的兴趣;有悬念导入法,即以悬念激起学生的好奇心,使之产生强烈的学习欲望;有实践导入法,组织学生实践操作,通过学生自己动手、动脑去探索知识、发现真理。关键是教师应该目中有人,应该讲究情境创设的逻辑关系,且自然得体。除此之外,更重要的是教学总是与教师的人格魅力有关,课堂开头也不例外。

案例四:

一天上课铃声响了好久,还有几个学生没来,老教授按照惯例点名,当他叫到"秦明"时,没有人回答,老教授连叫三声"秦明",依然没有人回答,他稍稍抬起头,从老花镜后仔细看了看全班同学,然后纳闷地说:"这个人是不是人缘很差?怎么连一个朋友也没有?"引起全班学生哄堂大笑。

这个案例足以说明,教师幽默感非常有益,能化紧张为轻松,营造一个自然和谐的学习氛围。比如著名书法家启功先生的开场白也很有意思。他平时爱开玩笑,上课也不例外,他的第一句话常常是:"本人是满族,过去叫胡人,因此在下所讲,全是胡言。"引起笑声一片。课如其人,启功先生是个幽默风趣的人,所以表现在课堂上,也是轻松自然,师生和谐,其乐融融。

案例五:

一个老教授到一个新的班级上第一堂课,有经验的老师都知道第一堂课不好上,因为教师第一次见到学生,学生第一次见到教师,双方因为第一次见面,会有一种莫名其妙的紧张,所以第一堂课一不小心就会上得很硬,上得很不流畅,上得很不爽。上课的铃声响了,这位老教授走到讲台中间,一般情况下,老师应该喊:"上课。"班长喊:"起立。"老师说:"同学们好。"学生说:"老师好。"老师说:"请坐,今天我们开始学习语文课程论,今天这堂课我们讲第一章第一节第一个大问题的第一个小问题。"但是这个老教授不是这样开头的,上课的铃声响了,老师站在讲台中间,喊:"上课。"班长说:"起立。"老师说:"同学们好。"学生说:"老师好。"按照常规老师应该说:"请坐,下面我们开始上课。"然而这个老教授不是这样的,而是用眼睛把所有学生全部"扫描"了一遍,说:"错了,你们喊我喊错了。我是你们老师的老师,你们应该喊我什么?"全班学生异口同声地说:"师爷好。"

这个课堂开头情境别开生面,同时又非常自然得体,一个"师爷好"一下子把学生和老师拉近了,老师和学生因为第一次见面而产生的紧张顷刻间烟消云散了,师生进入了和谐的气场当中了。老师觉得学生很可爱,一呼即应;学生觉得这个老师很好玩,老顽童一个。课堂既是一个物理的场,也是一个人际关系的场,需要教师用心去营造,不必刻意伪造,只要轻松自然。

(《今日教育》2017 - 4)

历史场景与现实生活

听了一节历史课,课题是"改革开放"。历史老师作了精心设计,不乏亮点。

亮点之一就是老师让学生在寒假期间就"改革开放"采访家人,或者是父母,或者是爷爷奶奶,或者是外公外婆,然后在课堂上选择一个学生的采访录音播放。我觉得这个设计非常好,历史有时就是刚刚逝去的现实,它仍然鲜活地保存在人们的脑海中,教师让学生采访家人,于是对这段历史就会有一种切身感受,使学生仿佛有了一种真切的现场感,如在眼前,感同身受。这样的开头把学生与历史拉近了。假如教师能够把课堂上呈现的采访录音进一步点出采访者的名字,也许效果更好,既是对当事人的鼓励,也增进了这个采访录音的真实性。

亮点之二是教师提出了两个很有价值的问题,这是两个让学生做辩证分析的题目,一是:家庭联产承包责任制是不是一种完美的制度?二是:改革开放初期有人形容"改革开放就是一扇窗,为我们带来了新鲜空气,但是苍蝇蚊子也进来了",我们怎么办?要不要关上这扇窗?这两个问题都有一定的开放度,不是简单的肯定,或者简单的否定,而是都具有思辨的意义和价值。如果加以引导,激活学生的思维,那么这堂课一定是精彩纷呈的。

很可惜,这么好的题目,既是历史问题,其实也是治国理政的政治问题,结果实际课堂教学把这两个辩证分析的问题匆匆带过,学生不甚了了,课堂没有充分展示所提问题的效果。这堂课让人感觉像一壶没有烧开的水,学生参与的热情不是很高,我以为许多人本身就是有政治热情的,一些学生也是这样,特别是男生,从某种意义上说能否唤起学生原本就具有的政治热情,从而唤起学生的学习热情,是这堂课的关键所在。而唤起学习热情的关键在于如何让学生置身于历史的场景之中,有真切的现场感。

我设想,如果教师先设置导学案,让学生自己掌握相关知识点,再来组织学生讨论,可以提供小岗村的村民协议,提供当事人在当时真实的想法,让学生提问。学生一定会感到疑问:为什么当年的村民就这么点小事还担心杀头?如此一来教师就能够做到很自然地让学生走进当时的历史场景。学习历史,我以为首先要置身于历史之中,课堂教学开头让学生采访家人,其作用就在于让学生回到历史场景之中,这两种做法就有了异曲同工之妙。

同理,要让学生理解家庭联产承包责任制,关键也是要学生回到历史场景之中。农村改革涉及两个伟人,一是毛泽东,二是邓小平,他们是绕不开的。毛泽东为什么要搞集体生产?邓小平为什么要推行家庭联产承包责任制?两个伟人都是有思想的,尤其毛泽东出身于农民家庭,他对农民有很透彻的了解,不仅知道同时代的农民,而且知道历史上几千年来的农民,历史上的农民分田到户之后,最后常常是守不住那几亩田,所以毛泽东要实行集体所有制,由国家占有,让地主无法占据农民的田产。当集体生产到一定程度的时候,它的弊端充分暴露,于是才有家庭联产承包责任制。回到历史场景之中,搞清楚真实原因,搞清楚事件的历史逻辑关联,从而做出正确的判断。

走进历史场景,还要回归现实生活,一切历史都是当代史,历史是为现实服务的。因此教师还要引导学生跳出历史,回到现实。历史常常是诡异的,今天的农村现状又出现了新的问题,于是我们可以借此问一问学生:你如果是国务院的参事,你对当下的农村改革将提出什么样的建议?——以此让学生比较集体所有制与家庭联产承包责任制两种制度的优劣及改进,同时也是唤起学生关心现实、关心改革的政治抱负和政治责任。

讲到开放,深圳是典型案例,老师让学生看过去深圳的照片,走进历史的场景之中,这当然是需要的,但还要回到现实,如果同时出示今天深圳的照片,两两对照起来看,可能效果更好。照片的背后是要让学生理解当初为什么要选择深圳作为改革开放的窗口？让学生站在今天的情境中考虑问题,就深圳的特殊地位来理解当年小平同志为什么选择深圳作为第一批开发开放的点,而不是选择上海,从而也就理解了深圳的特殊作用。

  历史教学必须让学生走进历史场景,从而理解当时历史的内在逻辑,但历史教学不能只有"过去",没有现在。深入历史,还要出乎历史,回到现实,只有这样才能有效地指导学生走向未来。从这个意义上说,历史教学一定是有时空坐标的,在时间的轴上,将历史与现实、未来联系起来看,在空间轴上,将中国与世界联系起来。

(《未来教育家》2017－7)

课堂教学也是技术活

课堂教学当然要有价值判断,当然要有人文思想,当然要有课程理念,当然应该贯彻以学生为主体的教育思想,而课堂教学过程中要真正实现正确的价值观,实现先进的教育思想,还需要教师掌握课堂教学技术,因为课堂是有规律的,因为教学是有方法的,教师教学还是需要历练的。既然课堂教学也是技术活,课前教师就要精心设计,课中就要因势利导、循理而教。

不久前,明德实验学校和上海语文名师开展了教学研讨活动,一个上午三节课,第一节是上海黄浦区第一中心小学严萍老师执教《梅兰芳练功》,第二节是上海珠溪中学向明雄老师执教《邹忌讽齐王纳谏》,第三节是明德实验学校马彦明执教《颜氏家训》。

三节课都是好课,因为三节课都有很强的设计感,过去我们说"备课",现在我们说"教学设计",同样一件事,我们更换了不同的词语来表达,我不是很喜欢频繁更换概念的人,但是对"教学设计"这个说法还是颇为赞赏的,因为就字面意义而言,"备课"强调课的准备,而"教学设计"强调精心构思,精巧设计,至少有一个程度差异。

第一节严老师的课的设计感体现在教什么和按照什么课堂结构来展开教学上。首先是教什么,严老师这堂课教的是语言的基础,教词句的运用,特别强化精确,通过让学生读,通过让学生说,达成让学生准确表达语句的目标,而且是逐渐展开的语句训练,由谁在干什么,逐渐添加时间、地点、人物情态,非常有序,效率非常高。对重要的语言现象给予充分的关注,一词多义:"过硬的功夫"与"硬是咬着牙"两个"硬"的不同含义;同义词:"蜚声海内外",教师让学生说说与此意义相似的词语,让学生举一反三。语文老师都知道文章是永远教不完的,语言也是永远教不完的,因此让学生学会举一反三是一个很好的方式。整堂课训练学生的语言品质,课堂效率非常高。

其次是课堂结构很有设计感,先学习第5、6段,然后归纳一般规律,再让学生根据这些规律学习第7段,其基本逻辑结构是:由个别到一般,由一般再回到个别。通过第5、6段语言现象的学习,提炼出一般阅读规律:"读一读",读出文章的内容;"圈一圈",圈出体现梅兰芳顽强毅力的词语;"说一说",说出梅兰芳苦练跷功的事例。然后教师要求学生自己阅读学习第7段,其实就是要求学生实践运用这些规律。

第二节向老师的课设计感体现在多个环节,开头让学生猜谜语,猜出教师的姓名,试图拉近师生关系,很有语文味;接着让学生看连环画,对照原文,看连环画的表达是否忠实于原文,并加以修改,这个方式是颇有新意的;向老师总结出来的文言文直译"五字诀":增、删、留、换、调,都是指导学生直译的有效方法。

第三节马老师的课设计感首先体现在学生主体性的调动上。马老师这堂课之所以成功就成功在主体还原,让学生设身处地去体验、去思考,"如果你是世家大族的一员,你会怎么办?""找出一则家训,尝试解决世家大族存在的问题。""假如你是家长,你最想让孩子看到哪一则家训?""作为孩子,你最喜欢家长看到哪一则家训?"想方设法让学生变身为当事人,以主体身份去思考解决问题,让学生作为主体去发现问题,发现原因,发现相同点和不同点,让学生自己去质疑。

其次体现在教学设问的逻辑关联上。几乎课堂教学的每一个环节都是实质性关联的,而且是逐层递进的,开头猜字,由"老"到"孝",由"孝"到"二十四孝",然后让学生自己发现"二十四孝东汉到魏晋最多",学生和教师同时产生疑问"为什么这个时期最多"?于是自然需要还原背景。追溯历史之后,马上产生疑问:世家大族为什么会衰落?还原背景,历史是很复杂的,然而课堂上必须聚焦问题,于是教师从政治、经济、精神三个方面罗列历史问题,接着教师把学生引进历史现场:"如果你是世家大族的一员,你会怎么办?"从而需要看看当时人做了什么,自然引出《颜氏家训》,教师让学生阅读课文,再回扣前面的问题,让学生找出一则家训,尝试解决世家大族存在的问题。这些环节都是环环相扣的,问题与问题的衔接非常紧密,水到渠成,学生的思维与教师的思维同步,气氛非常融洽。

课堂教学的设计是十分重要的,但更重要的是课堂教学的实施过程,教学过程也需要教师精心施工,灵活把握。既要把控学生紧扣学习目标,也要充分调动学生,激活学生思维;既要讲究课堂结构的形式相关,更要重视课堂逻辑的层层递进;既要放手发动学生,也要因势利导。

三堂课都有遗憾,第一堂课的问题可以概括为"控不逾矩",教师非常强势,严格把控整堂课,不让学生越雷池一步,完全纳入教师的规矩、轨道,学生稍有越界的地方,教师马上把学生揪回来。这样教学当然有效率高的好处,但这样教学生,学生完全处于被动状态。而且这样教学,教师给学生的更多的是正例,缺乏旁例和反例,学生也很少犯错误,这对学生的语言习得是十分不利的。课堂教学过程中教师是将生就生,还是将生就师?将生就生,就是把学生放在主体位置上,就学生的问题,分析学生的问题,就学生的实践分析学生的思维,即回到学生本体深处。将生就师,就是把学生纳入教师的轨道,教师为主体。我以为不能排除有些时候需要将生就师,但课堂教学主要还是回到学生处,将生就生,以学生为主体,关注学生问题,解决学生思维障碍。

第二堂课的遗憾可以概括为"放而不融",向老师不是没有设计,不是没有调动学生,不是没有放手让学生阅读纠错,放手让学生自己品读,但是这堂课师生之间总是有些隔,始终没有相融。也许向老师心里会想:我一开始就想调动学生,让学生猜谜语、猜教师的姓名,就是为了拉近与学生的关系;接着我又让学生看连环画,就是为了贴近学生,但整堂课气氛非常低沉,学生思维活不起来,课上得很不爽。这是什么原因造成的?

我以为有两个主要原因,一个是课堂结构的"隔",一个是师生交流的

"隔"。所谓课堂结构的"隔",指的是整堂课的诸多环节缺乏内在的逻辑关联,缺乏环环相扣的紧密联系度。第一环节猜教师姓名,猜完就完了,与下一个环节没有关系。然后进入词句理解,主要借助连环画的订正,疏通课文。最后进入文章特色的品读、文章语言妙处的品读。整堂课各个环节的关系,是并列式的,有点像过去的教材教参,先是思想内容的理解,然后是写作特色的分析。并列式的问题在于缺乏前后环环相扣的紧密联系度,尤其是公开课,教师学生都容易紧张,如果教师课堂结构并列式设计,导致问题之间总是跳跃,学生思维就衔接不上,或者是衔接吃力,导致学生思维兴奋不起来,跟不上教师课堂节奏。

所谓师生交流的"隔",就是课堂上教师平行展开诸多问题,不断地问,学生不断地答,一个问题接着一个问题,师生之间没有展开对话,教师只是让学生回答,却没有针对学生的回答加以追问,学生相互之间说话,也是各说各的话,没有交集,完全处于自说自话状态,这样一来,学生与教师各自是散的,于是课堂的神就是散的。比如教师让学生品读文章的特色,有学生说"以小见大,由己及人,由家事到国事",教师没有追问,只是简单地肯定之后就跳到别的问题上了,如果教师适时向全班学生追问:以小见大就一定好吗?由己及人就必然效果好吗?仔细推敲课文的表达是怎样产生好的效果?这样一来学生的注意力都会聚焦到一个点上,讨论也因此可以走向深入。有些问题原本是见仁见智的,没有统一答案的,教师根本无须纠正,比如课堂最后一个环节,教师让学生谈谈学习本课的启发,这是没有标准答案的,教师尽管让学生畅所欲言,无须规范成一体化的启发。

第三节课的问题可以概括为"随而弗导",即教师放手让学生以主体身份质疑相关家训的时候,没有及时发现学生错误,没有及时加以指导,跟随学生思维,给予盲目肯定。课堂上教师要关注学生质疑的对错,教学现场也许时间有限,教师一时反应不过来,但可以让学生仔细核对原文,让学生讨论对错,这样可以给教师一点缓冲时间,保证教学的正确。比如,学生质疑"后妻必虐前妻之子",讲得头头是道,教师不加辨析,也随大流给予鼓掌肯定,其实原文有个前提"凡庸之性",这个前置语已经假设规定了是负面的人性,学生质疑"必虐"就毫无根据了。再如"积财千万,不如薄技在身",对此学生的质疑总在"好技""坏技"上,教师应该站得高一些,强调德的意义,或可改成"积财千万,不如厚德集才",将德才兼备的意思充分体现,给学生全面的指导。

教学永远是遗憾的技术活,需要不断实践,不断反思,不断总结。只有熟练地掌握并自如地运用技术规律,才能游刃有余地实现课程目标,实现先进的教育思想。

(《未来教育家》2016－6)

追询课堂教学机智背后的东西

上进心强的老师都爱听课,观摩公开课,尤其喜欢观摩名家示范课,看看名家怎么上课,学习一些好的课堂教学方法,老师特别欣赏一些名家临场应变的教学机智,啧啧称赞的同时,常常以为名家在课堂上的神来之笔都是智慧的体现。我并不排斥智慧之说,但我更感兴趣的是为什么有的人课堂有智慧,有的人课堂没有智慧,这背后的原因是什么,值得我们去追询。我们还是先看案例。

案例一:

英语课上,老师正在板书,一个学生用笔在桌上敲打起来。"英语课是不需要伴奏的。"老师的幽默逗笑了学生。敲击声悄然隐去,捣蛋的学生做了个鬼脸。这一举动也被细心的老师看到,边模仿边开口说:"make face(做鬼脸),就是这样。"学生意外地学了个新词组,没有人再搞小动作。

案例二:

政治课,老师带着学生学习"货币的本质",忽然发现有两位女生睡着了。老师说:"我本来以为货币是很有魅力的,谁知在座当中就有不为金钱所诱惑者,依然打她们的瞌睡。"全班学生哄堂大笑,这两个学生也清醒过来,开始学习了。

案例三：

音乐教师上公开课，她穿着一件漂亮的裙子，格外引人注目的是裙子上粘满了各式各样的五颜六色的五角星，学生知道，谁听得认真，谁积极动脑，谁回答准确，谁就可以得到一颗五角星，并可以自豪地贴在自己的脑门上。意外出现在课上了30分钟时，一个五角星从裙子上掉下来，被旁边的一个学生拾到了，他一颗五角星也没有，他很想拥有这颗五角星，但他最终还是把它交给了老师："老师，您掉了一颗五角星。"这是一个多好的教育契机啊！如果这时候老师能说："你真是一个诚实的好孩子，这颗五角星就奖给你！"但是这个音乐教师只是以平淡甚至冷漠的语气回答："噢。"说完就将五角星贴回自己的裙子上，连一声"谢谢"都没有。就在这节课快结束的时候，这位音乐教师的裙子上又掉了一颗五角星，拾到五角星的又是一位一颗五角星也没有得到的孩子，下课时，他也主动把五角星交给音乐教师，没有想到，这位音乐教师居然这样说："下课了，已经没有用了，把它扔了吧。"这个孩子一下愣住了，随后他又不得不这样做了。扔掉的是一颗五角星，同时也扔掉了一颗纯真的童心！

案例一，课堂意外出现声音干扰，教师有多种选择，一种是当场呵斥，予以警告，一般来说声音会立刻中止，但是这样处理很显然有点小题大做，有些老师这样处理导致学习气氛骤然紧张。还有一种老师甚至开口之后没完没了，把过往这个孩子或者这个班级出现的一系列情况拿来数落一通，导致师生情绪恶化，下面的课就没有多少积极的情绪了。反之，如果教师充耳不闻，学生可能会一直这么敲击下去，甚至导致其他学生也会发出各种无关的声音，最终影响课堂教学。噪声很显然要制止，但又不要影响学生的学习情绪，这就需要教师的智慧了。教师一句"英语课是不需要伴奏的"表明了教师的态度，旗帜鲜明，但又不失温和，既让学生意识到问题，中止了敲击，又让课堂正常进行。孩子的一个鬼脸，教师捕捉到了，顺势而为，让学生无形之中掌握了一个新的单词。这是最佳效果,得益于教师的机智,其背后是教师良好的课堂心态。作家魏巍在他写的《我的老师》一文中,以儿童的眼光和心理回忆了他的小学老师蔡芸芝温柔美丽慈爱伟大。"仅仅有一次,她的教鞭好像要落下来,我用石板一迎,教鞭轻轻地敲在石板边上,大伙笑了,她也笑了。"这个细节充分反映出一个慈祥、伟大的教师形象。

案例二,上课出现学生睡觉现象,这是常有的事情,特别是夏天下午的课,学生睡觉的概率并不很低,教师如何处理?有一种教师视而不见,依旧旁若无人地自说自话,滔滔不绝地讲授重复了多年的教案,其结果就是一直把班上大多数学生都讲睡着为止,因为瞌睡是会传染的。有一种很强势的教师,一看到学生睡觉,气不打一处来,特别是当这个班级考试成绩不佳,或者是睡觉学生考试成绩不佳的时候,会火冒三丈,顺手操起讲台上的粉笔就对着睡觉的学生投掷过去,火山爆发,教学中止,改为"训斥式德育"。久而久之,这样的教师教学任务总是不能及时完成。还有一种教师会走到睡觉学生的身边,轻轻地敲击课桌,提醒睡觉的学生,这也不失为一种好的方式。案例二这位教师的处理方式,我以为是最佳方式。用一句幽默的话把大家都逗笑了,也把睡觉的学生叫醒了,全班学生的神经等于都放松了一下,接下来的课师生精神饱满,课堂教学效率就高多了。这也是一种教学机智,其背后说到底是教师具有一种很好的教学心态,有一种开朗乐观的人文情怀。

案例三,看了这则教学案例之后,的确让人心里堵得慌,这位教师教学准备应该说是充分的,但她的眼中只有教学,只有完成教学任务,眼里没有学生,目中无人。五角星是道具,只有在教学需要的时候使用,使用完了之后就成了废物,全然不顾及学生的感受,殊不知当五角星在教室里作为学习奖品出现的时候,它已经不是简单的五角星了,它已经被赋予了精神的意义,它代表了成绩,它代表了荣誉,它成了孩子心中追求的一个目标,但是这位年轻的女教师全然没有这个概念,非常可怕的是当她把学生的"心"丢掉的时候,她还根本没感觉,浑然不觉!这不是技术问题,这不是教学机智问题,这根本就是文化问题,是教师的教育价值观问题,她身上根本就缺乏一种作为教师原本应该具有的文化自觉。

何为教学机智？教学机智是教师面临复杂教学情况所表现的一种敏感、迅速、准确的判断能力。比如在处理事前难以预料而又必须特殊对待的问题时，以及对待处于一时激情状态的学生时，教师所表现出的能力。尽管教学机智是瞬间的判断和迅速的决定，但教学机智往往是教师在教学过程中面对特殊的教学情境最富灵感的"点睛之笔"。我并不否认这个说法，教学机智表面看来是教师课堂里的灵光一闪，但我以为这种机智和智慧是教师在教育情境中教育思维和教育情感互动的产物，思维是课堂机智和智慧的核心，情感是课堂机智和智慧的酵母，最根本的是教师内在学养、教养、文化涵养的综合，是教师的人文情怀的外在显现，是教师教育观、学生观的外在显现，教师如何看待学生，如何看待课堂，如何看待自己，这些深层次的内容沉淀在教师的心里，在课堂教学的过程中不知不觉地就会显露出来，所以从这个意义上说，教师即课程，教师人格修养产生教学机智，教师的文化涵养孕育教学智慧。

（《今日教育》2017－5）

关于教学质量分析

每个学校都会有教学质量分析，2017年2月新学期开学之际，明德第一届高中教师开质量分析会。上学期期末参加了7校联考，我校高一年级以入学分数线7校最后一名，均分上升为第4名，来之不易。我兴致勃勃地听取了各位老师的分析，从下午2点半到傍晚5点半，整整3个小时，非常欣喜地看到老师们认真的态度、敬业的精神、系统而具体的分析，这批教师素质真的不错。所有的老师讲完之后，我做了一个发言。

很高兴听了大家的发言，我的评论是"姜是老的辣，葱是嫩的香"，每个老师都是用心在分析，老教师经验老到，年轻教师条分缕析，头头是道，我想起自己1982年参加工作的时候，绝对做不出你们今天这样科学的质量分析，你们每个人都超过了我当年的水平，你们这样努力下去，超过老教师也是指日可待的。

关于质量分析，我想大概有三个层次，也可以说是三个境界，第一个层次是就事论事，这是第一步，也是不可或缺的一步，考试之后的质量分析，首先要把考试本身分析清楚；第二个层次是就事论理，也就是在试卷分析、考试结果分析的基础上要找出原因，找出道理，从教的问题、学的问题中找出规律性的问题，并加以规律性地解决；第三个层次是就事论人，所有的事情都是人的事情，分析到人才能真正解决问题，学生的知情意，家长的知情意，教师的知情意，这是更高层次的分析。围绕这三点，特别是最后一点"就事论人"，下面我主要讲"三自一高"。

自信心。学生以学为主,文化学习是学生的主要任务;提高教学质量,任何一所学校、任何一位教师,都责无旁贷。明德也不例外,提高教学质量不是靠加班加点,不是靠死缠烂打,不是靠考试地狱,而是靠科学的教学和教育,要建立这样的自信心。大家说要赶超7校第一名的科学高中,这很好,说明大家有上进的愿望和动力,我说赶超可以分两步走,第一步是赶,今天我们尚没有超过科学高中的可能,但追赶它,赶上它是完全有可能的,我们的优势在哪里?就在于我们船小好调头,规模小,管理方便,执行力强;我们小班化教学,可以做到因材施教,甚至做到"一对一"个别化教学,而这是提高学生学习质量最有效的方法。虽然我们教师队伍整体年轻,经验不足,但年轻也是我们的优点,我们好学上进,我们精力充沛,我们斗志昂扬。所有的成绩都是靠努力而来的,辛苦的付出才是获得成绩的前提。事实上,我们第一个学期的努力已经带来明显的成绩,由第7名走到第4名。

自问题。所谓自问题就是自己向自己提出问题,自己善于并勤于发现问题,我说这是一个人成长的关键所在,一个人的成长离不开别人的帮助,但归根结底还是靠自己的觉悟,这个觉悟就是对自己问题的觉悟。教师对此次考试的试卷分析,对考试情况的分析,既要细致入微,具体到每个学生,具体到知识点、能力点、题型;也要抽象归纳,概括研究,反映出自己一般性的问题。因为学生身上所反映出的问题都是教师自己的问题,无非是教师自己的教学问题、教育问题、个人专业修养问题。只有不断反思自我,才能有效地调整自我,改进自己的教育、教学,补足自己的知识修养、专业修养的不足。我们的教师一大半都是硕士研究生,我们自以为是地觉得自己大学四年、硕士研究生三年所学的知识完全足以应对高中教学,其实不然,大学所学知识,要转化成具体的教育能力、教学技能,不是一蹴而就的,甚至中学教育所需的知识大学未必都有所教,还需要自己在岗位上不断摸索、不断学习,比如如何提高课堂教学效率,如何转化后进学生,又比如课程标准、课程教材、高考考纲、教参教辅、高考试题、水平考试等这些一线教师回避不了的东西,在大学教学中反而很少涉及,甚至根本不教。所以一旦走上教师岗位,马上就暴露出自己本体性知识、条件性知识、实践性知识的不足。要不断向自己发问,促进自己的专业发展。

自分析。所谓自分析就是让学生分析自己的学习情况。教师的所有工作都是促进学生的自生长,促进学生自我发展,叶圣陶说得好:"教是为了不教。"因此不要放弃任何一个足以锻炼学生的机会,本次考试一定要让学生自我分析,通过本次考试让学生总结自己一个学期的学习,反思自己的问题,并进而养成习惯,让学生把外部的期待内化为自己的需求。教师所要做的无非是几个工作:提要求,教方法,给参照。"提要求"就是教师要给学生提出自我分析的具体要求,从哪些维度展开分析,分析到什么程度,等等;"教方法"就是要教给学生自我分析的方法,如何看分数,如何找出问题背后的原因,等等;"给参照"的目的就是为了让学生找准自己的问题,所谓优劣常常是相对而言的,在群体中找到参照对象,便于发现自己的问题。

高效率。我们既要提升成绩,又要反对加班加点,反对题海战术,反对无休止考试的应试教育,那么只能是通过提高教学效率来提高成绩,舍此别无选择。教学和其他所有工作一样都是有规律的,掌握规律,灵活运用,才能做到低投入高产出。教学有哪些规律呢?我在《基于思维流量的明德课堂教学模型建构》一文中提到了7种要素,这些都是教学规律。前人做了很多总结都可以拿来为我所用,比如学以致用,学生是否掌握,很重要的办法之一就是让学生用,用然后知不足;又如举一反三,就是让学生学会迁移,让学生学会总结规律从而掌握规律,等等。这些都是有效的。其实老师们在自己的教学过程中及时总结也能发现很多规律,刚才老师们的发言当中就涉及不少,比如老师们提到让学生学会运用思维导图来小结自己的学习内容,这就是让学生建立类属概念;结合学生问题来讲述概念,比之于单纯抽象讲解概念要好得多,这是因为源于学生的问题,学生更容易集中注意,针对性强。提高教学效率的另一种方法就是减少无用功,统计一下我们自己在教学当中做了哪些无用功,对提高效率很有帮助。比如今天的分析会开得这么晚,其中有一个原因就是大家讲话没有很好地体现对象意识,讲话最重要的是要了解对象的需求,听众需求什么最关键,重复的肯定没有必要。教师上课也是这样,要针对学生的实际需要。今天我们是不同学科的教师研究活动,学科专业的具体问题肯定没有必要讲得过多,因为隔行如隔山,学科之间有差异,别人所能借鉴的只是你的分析方法,你只要把你研究的方法阐述清楚,让别人有所借鉴即可。

学习是科学,科学就有规律,不是所有的学生都能很好地掌握规律并高效地运用学习规律,取得很高的成绩,也就是说对一个具体的人来说,不是所有的东西都是可学的,有些东西是学不好的。但同时也说明有些东西是可学的,是所有学生都可学的,甚至都可学好的。这些东西常常表现为技术,学习有很多属于技术问题,我们不能忽略技术,而技术需要精确,我们不能简单地排斥精确,我以为教学首先要把学生能够学会、能够掌握的技术问题解决,再进一步引导学生去钻研更难的问题,这也是提高教学效率的一种策略方法。

(《未来教育家》2017-4,发表时题目改为《做好"三自一高",提高教学质量》)

考试，考什么？

一个合格的老师应该命出一份合格的试卷，这是作为教师的基本要求。然而，现实情况并不乐观，大家都知道现在学校现状普遍是题海泛滥，但并非大家都知道，在泛滥的题海中更严重的是泛滥的问题。

天津市河西区教育局孙副局长是全国政协委员，有一次出席全国政协会议，给政协委员们出了一道北京市2010年幼儿园升小学的测试题，据说还是权威归类标准版。

1到9九个数，按照要求给它们分类，比如"1、3、5、7、9""2、4、6、8"是按照奇数、偶数来分，那如果是1378、59、246是按照什么将它们分为三类的？

一位委员发言说："这是一个心理学的实验嘛。1378是奇偶混搭，59是纯奇数组，而246是纯偶数组。"他的答案被孙副局长否定了，其他委员给出的各种答案也都被否定了。原题给出的标准答案居然是：按照拼音来分的，1378都是第一声，59都是第三声，246都是第四声。

显然，这是一位小学语文老师出的题目，这道题毫无意义，根本无法检测出学生是否掌握相关的语文知识，根本没有科学性可言。而且角度刁钻，它用数学的方式出语文试题，诱导学生从数学的角度去答题从而犯错误，居心叵测。用这样的试题考即将进小学的学生，可见这个教师用心不良，看得出这位出题教师身上有一种文化缺失,看得出教师的人文思想、世界观、教师哲学的缺失和贫乏。

中国老师出过这样一道历史题:成吉思汗的继承人窝阔台,公元哪一年死?最远打到哪里?

美国世界史教科书涉及这个历史史实是这样出题的:成吉思汗的继承人窝阔台,当初如果没有死,欧洲会发生什么变化?试从经济、政治、社会三方面分析。

有个学生是这样回答的:这位蒙古领导人如果当初没有死,那么可怕的黑死病就不会被带到欧洲去,后来才知道那个东西是老鼠身上的跳蚤引起的鼠疫。但是六百多年前,黑死病在欧洲猖獗的时候,谁晓得这个叫作鼠疫?如果没有黑死病,神父跟修女就不会死亡。神父跟修女如果没有死亡,就不会怀疑上帝的存在。如果没有怀疑上帝的存在,就不会有意大利佛罗伦萨的文艺复兴。如果没有文艺复兴,西班牙、南欧就不会强大,西班牙无敌舰队就不可能建立。如果西班牙、意大利不够强大,盎格鲁—撒克逊会提早200年强大,日耳曼会控制中欧,奥匈帝国就不可能存在。

美国老师对这个学生的答题给出评价:A。

两个试题形成鲜明的对比,记住或没有记住窝阔台何时去世没有意义,记住或没有记住窝阔台最远打到匈牙利也没有多大的作用,这些知识都是可以很方便地查找到的,中国历史老师命制的题目完全是僵死的知识。美国老师命制的题目却是活的知识,用一个假设问题,激活了学生的思维,学生用所学的历史知识,通过严谨的逻辑推理,得出一个很有意思的结论。相反,我们的历史老师经常给学生讲的一句话是:"历史是不能假设的。"这样一句话好比一根绳索把所有学生的思维全部捆绑住了,包括把那些很聪明的学生思维也被束缚住了。而美国学生在其历史课堂得到了很好的逻辑推理训练和历史思维训练,长此以往,其结果可想而知。

再看一例,语文教师出题:"一个春天的夜晚,一个久别家乡的人,望着皎洁的月光不禁思念起了故乡,于是吟起了一首诗。这首诗是什么?"一个学生答:"举头望明月,低头思故乡。"老师予以否定,老师给出的标准答案为:"春风又绿江南岸,明月何时照我还。"很显然这个语文老师命题紧扣春天的夜晚,所以要"春风",但在老师所给的情境中,人既可以想到"明月何时照我还",也可能想到"举头望明月",标准答案不标准。看得出这位老师在命题过程中表现出来的机械僵化。僵化的考试,机械的命题,如此培养出来的学生一定也是思维机械、僵化的。

我们的历史老师出过这样的试题:甲午战争是哪一年爆发的?签订的叫什么条约?割让多少土地?赔偿多少银两?

同样这个史实,日本的历史教科书出了这样的题目:日本跟中国100年打一次仗,19世纪打了日清战争(中国叫甲午战争),20世纪打了一场日中战争(中国叫抗日战争),21世纪如果日本跟中国开火,你认为大概是什么时候?可能的远因和近因在哪里?如果日本赢了,是赢在什么地方?输了是输在什么条件上?分析之。

有个日本高中生是这样分析的:我们跟中国很可能在台湾回到中国以后,有一场激战。台湾如果回到中国,中国会把基隆与高雄封锁,台湾海峡就会变成中国的内海,我们的油轮就通通走右边,走基隆和高雄的右边。这样,会增加日本的运油成本。我们的石油从波斯湾出来跨过印度洋,穿过马六甲海峡,上中国南海,跨台湾海峡进东海到日本海,这是石油生命线,中国政府如果把台湾海峡封锁起来,我们的货轮一定要从那里经过,我们的主力舰和驱逐舰就会出动,中国海军一看到日本出兵,马上就会上场,就开打!按照判断,公元2015年至2020年之间,这场战争可能爆发。所以,我们现在就要做好对华抗战的准备。

同样一个历史史实,两种截然相反的命题,这种相反不是简单的题目不同,而是价值观的差异,是教学价值取向的完全相反,我们重视的是知识本身,人家重视的知识的运用;我们重视考查记忆能力,人家重视考查学生的思考力;我们的考试是面向昨天的历史数据,人家的考试是面向明天的社会可能出现的现实问题,重点考查学生面对具体问题的分析能力、解决问题的能力。人家考的不是知识,而是思想;人家考的不是记忆,而是能力;人家考的不是技巧,而是文化。有什么样的考试,其实就有什么样的教育价值观,就有什么样的教育文化,就有未来什么样的民族文化。

(《今日教育》2017年7-8期合刊)

考试的人文关怀

中国是考试的故乡。从隋炀帝开始科举考试,到慈禧太后废止科举考试,我们积累了很多考试的经验。"文化大革命"几乎等于取消学校,当然也取消考试,那时候实行工农兵推荐上大学,无须考试,直到 1977 年恢复高考,引导万千学子重视文化知识的学习,起到拨乱反正的作用。随着时间的推移,高考成了指挥棒,人们越来越重视考试,考考考,老师的法宝;分分分,学生的命根。师生如何看待考试,成了横亘在大家面前的一道重要试题,它测试出我们的教育价值观。

不妨看看海外的几个案例:

法利斯的大儿子赖兰读三年级,正在冲刺印第安纳州的统考 ISTEP。法利斯说,赖兰考试压力很大,精神紧张。有一天回家说自己在学校哭了,不过,眼泪是因读完老师写给全班同学的公开信而感动落下。

什么信有如此大的魔力?不妨看看这位教师给学生的信。

亲爱的同学们:

下周你们就要迎来 ISTEP 的数学和阅读测试,两周后还有 IREAD 测试。我知道你们有多用功,但是还有一些很重要的事情你们同样需要知道。

这些考试不能评定你们身上独一无二的特别品质。发明考试还有打分的人并没有像我这样了解你们,当然更不如你的家人那般了解。

他们不知道,你们当中有人会说两种语言,不知道有人喜欢唱歌和画画。他们也看不到你跳舞的天赋。他们不知道朋友对你的信赖,不知道你的笑容可以点亮最黑暗的日子,更不知道你害羞时会脸红。他们不了解你会运动,不知道你对未来的疑惑,更不知道你时常在放学后帮助自己的小弟弟或小妹妹。他们不知道你善良、体贴,值得信赖,还有……你每天都在努力做到最好。

你得到的分数会说明一些事,但不会说明所有。这些考试不能定义你。表现聪明有很多方式,你是聪明的,你已足够聪明!你是点亮我生活的那一道光,是我每天开心工作的理由。所以,在考试季的时候请记住,没有一种方式可以"测试"你身上令人惊叹的品质。

我只希望,你们能尽最大努力,还有不要放弃。为这,你从幼儿园就开始努力,你已经准备好了。我相信你!

法利斯也被这封信深深感动,于是将内容分享到了"脸书"的个人主页。这条暖心励志推文已被转发上万次。网友跟帖热烈,詹尼佛:"多么了不起的人!懂得鼓励孩子们的重要性!"阿诗利:"太酷了!我要读给布莱斯听,我都看哭了。因为考试,这屋子里实在太紧张了。"法利斯说,赖兰现在谈到考试已经显得轻松许多,儿子还告诉她觉得自己被"支持着"。法利斯还说,感谢老师的信令儿子获得被爱的自信,"她说出了我说不出口的那些话"。

我不知道看过这封信的老师会有怎样的想法,我想到的是我们老师会在考试之前做什么,常态的做法是老师的考前动员。这个动员一定是再三强调本次考试的重要性,关系到分班,关系到升级还是留级,关系到毕业,关系到升学,关系到老师的期待,关系到家长的嘱托,关系到学生个人的命运。我们会不断地把考试的意义无限延伸,这样的结果就是把考试推到无比重要的地步,只能成功,不能失败,最终导致学生高度紧张。更有甚者,在重要的考试之前,许多学校都流行搞学生的誓师大会,把考试当作一场人生举足轻重的战斗,学生向同学、向家长、向老师、向领导表决心,好像天底下只有这件事最为重要,成王败寇,向前一步生,退后一步死。这其实是把孩子逼向绝路,不但没有增加考试的成功率,反而增加了考试的失败率。学生在重压之下,更加容易失常,从而导致考试的失败。再加上之前不切实际的宣传动员,让学生无法承担这样的失败,所以一些原本心理脆弱的学生极容易走上轻生的路。

教师应该知道,真正不爱学习的学生还是少数,面对不爱学习的学生,教师任何恐吓其实都很难奏效;相反对原本就重视学习、重视考试的学生,教师不断加压只能适得其反。而且大凡选拔性考试,必然有名额限制;有名额限制,就不可能大家都如愿。作为教师,对这一部分不能如愿的学生应该因势利导,考试之前就应该做好心理疏导工作,正确看待考试,以平和的心态看待考试。上述案例中的美国老师做得很到位,她在信中并不是提醒学生"少壮不努力,老大徒伤悲",而是鼓励他们不要太看重这场考试,因为它并不能评定"你们身上独一无二的特别品质",这句话一语中的,说到考试这种评价的本质问题。因其真实,所以打动学生,美国小学三年级学生读完老师"考前动员信"哭了,这封信让孩子获得被爱的自信。我想不同老师的不同做法将给学生带来完全不同的心理感受,今后每每到了需要冲刺的时间,每每回忆当年题海挣扎的时光,我们的学生是总想起老师们那"提神醒脑"的眼神和忠告,还是那位来自美国印第安纳州的老师给"压力山大"的同学们写的那封温暖了每一个学生心的公开信?

不妨再看一则案例:

> 她12岁时就读初中一年级,语文成绩出奇地优秀,但数学成绩十分糟糕。一直到毕业时,她的数学必须要通过补考才能合格。那天下午就要补考数学了,上午的数学课进行到一半时,老师突然中断讲授的内容,板书了4道题让全班同学进行演算。此时的她忽然成为了班级最受怜爱

的对象,有几名同学将这些题的答案写给她并且要她背熟,她背会了其中的3道题。在下午的考场上,这4道题居然出现在补考的试卷上。她凭着上午记熟的那3个答案,得了75分,终于毕了业。后来,初中的最后那节数学课,尤其是老师那关切怜爱的眼神和他异乎寻常的良苦用心,就成为她生命中最温馨美丽的印迹。她后来成为著名的华语作家,用自己的大量文学作品温暖了无数的读者,她就是席慕蓉。

再看另一个故事。她在读初中二年级时,语文极好可是数学极差,数学考试从未及格过。为了不让父母和老师太过于失望,她靠着死记硬背,把要考的内容机械地背诵下来。结果,她的3次阶段测试都没有被扣分。数学老师却向她发了难,严厉指责她的成绩是作弊所为。她终于直面说道:"就算你是老师,也不应该这样侮辱我的人格!"令她没想到的是,那位被当场顶撞的气急败坏的老师,立即给了她一份没有学过的方程式试题,她得了零分。更令她没想到的是,那位老师竟用毛笔,在她眼睛的四周,涂了两个大大的圆饼,并让她在全班"示众";又逼着她去教室外的走廊走了一圈。这后果是十分可怕的:她被迫退学在家,患上了严重的自闭症,有时,连与父母一起吃饭的勇气都没有;因此养成了孤独、敏感、悲观的性格。尽管她后来也成为著名的华语作家,写出了近30部鼓舞人们坚强豁达的作品,游历48个国家,但她拼尽一生的精力,还是没有摆脱早年的心灵阴影,没有从那种伤害中复原,终于在她48岁时以自杀结束了一生,她就是三毛。如果当年她的数学老师能尊重学生的人格,能理智地对待她,那么可能会使她的人生出现另外一个结局。她们及其作品留给读者的印象:为什么前者令人心仪又神往,而后者总让人心痛又绝望?这其中多少与她们早年数学课上的经历,与刻骨铭心的心灵际遇有关。

上述两位作家在学生时期的不同遭遇,对比鲜明,给教育工作者以极大的警示。我们应该清醒地认识到:教育到底是为了学生,还是难为学生?考试是为了成全学生,还是为了折磨学生?这直接关乎一个教师的教育价值观,席慕蓉的数学老师在课堂上中止数学课,把即将用作补考的试题当作练习题让全班学生来做,站在微观的层面上看,也许我们有些老师会以为这是老师在作弊。但是如果我们站在更高的层面看,其实并非作弊,而是对现行考试制度的超越,而且是基于人性高度的超越。现行的考试评价体系,是用一根尺子量所有的学生,而事实上学生是有差异的,有些学生差异还很大,为什么一定要让数学很差而语文很好的学生和数学很好的学生考一样的试卷,为什么一定要因为数学一门考试而影响这个孩子的毕业呢?用一种评价方式评价所有的学生原本就是错误的,君不见美国高中数学好的学生可以提前学习大学数学,数学不好的学生数学水平只要达到相当于中国学生的初二水平就可以高中毕业。席慕蓉的数学老师并没有因为席慕蓉在数学方面的严重欠缺而否定她,而是在不动声色中给她最有效的帮助,体现了教师的人文情怀。当席慕蓉在最不擅长的领域中,得到了真诚的怜爱与关怀,她就会自觉地对人世充满信心,对生命充满眷恋,对生活懂得感恩。

三毛遇到的数学老师则完全相反,完全站在学生的对立面,机械地看待考试,不惜羞辱学生,以维护教师的所谓尊严。在这位老师的内心深处丝毫没有同理心,没有怜悯之心,没有对学生的人文关怀之心,极大地伤害了学生,深深地影响了孩子的心理健康。这位老师的行为已经构成犯罪,而且其罪不可恕。

考试是一种手段,而且仅仅是一种不完全更不完善的评价手段。作为教师,我们应该清醒地认识:试题和分数给我们事实,但不能给我们结论。谁优谁劣、谁能力强、谁能力弱,谁全面、谁片面,需要具体到人的分析、判断与评价。考试的最终目的仍然是为了学生,为了学生的健康发展,为了学生的幸福成长。所以,作为教师,面对考试一定要有人文关怀之心。

(《未来教育家》2017 年 06 期)

考试之后如何以学生为本

今天的中小学非常重视考试,教师重视,学生重视,但大多重视考试之前的复习迎考,却很少研究如何做好考试之后的工作,尤其缺少对考试之后教师价值观的研究,而教师的教育价值思想直接决定了教师的教学行为,直接影响学生的健康成长。

首先是试卷评判。如何评判学生的试卷也反映出教师的基本价值思想。

> 南开中学1941年毕业的谢邦敏富有文学才华,但数理化成绩不佳,毕业考他的物理交了白卷,即兴在卷上填了一首词。物理老师魏荣爵评卷时也在卷上赋诗一首:"卷虽白卷,词却好词。人各有志,给分六十。"谢邦敏顺利毕业,考入西南联大法律系。

这个故事深深地打动了我,我为魏荣爵老师所感动。按照一般常规,学生交白卷那肯定判他0分,这完全说得过去,实事求是嘛!理直气壮!甚至可以找该学生谈话,找家长告状,让学生端正考试态度,端正学习态度,进而可以在一定范围内对该学生进行严肃批评。生活中我们不乏这样处理学生的教师,但对照一下魏荣爵老师,我们发现差异真的很大,在魏老师心中学生的成长至关重要,物理分数高低无关大局,学生人各有志,教师宽容为本,助学生一臂之力,让学生顺利升学!这就是教师的人文情怀。

无独有偶,另外一件案例也深深地打动了我。

一位小学校长对童年一次考试分数记忆深刻：由于中途转学，功课落下了不少。一次数学考试后发卷子，我提心吊胆地接过来一看，非常意外，老师没有打分，只写了两个字："哎呀！"此刻，我领会了老师的心意，老师不相信我会这样，老师在给我机会，老师在期待着我，老师用这样一个善意的、玩笑似的方式等待着我的努力。我决心把落下的功课补上。果然，又一次考试我得了满分。许多年过去了，我又经历了无数次考试，见到过成百上千张试卷，但只有那份没有分数、写着"哎呀！"的试卷，成了我心中永远珍藏的回忆。

这么多年的教师培训，我们一再强调教师要目中有人，"一切以学生发展为本"，在现实教育教学中，不少教师却以考试为本，以分数为本，批卷过程中眼里只有试题，只注视答卷对错，心中没有学生成长，不是关心学生的心理感受，不是从促进学生成长出发，结果评卷这一原本具有人文价值的工作变成了纯粹的技术活。上述案例中的教师心中真的装有学生，真的为学生考虑，而不是为分数考虑，批上一个"哎呀！"包含多少关怀，包含多少期待！给学生多少激励，给学生多少信任！

其次是试卷讲评。考试之后教师都很自然地要讲评试卷，但是怎样讲评就很有差异。我们有些老师的试卷讲评就是面向全班的答案宣讲，偶尔也会让学生回答一两个问题，但基本上是以教师宣讲为主，这种宣讲存在两个问题：一种问题是只讲不评。讲评试卷重在评，所谓评就是要评出学生的问题所在、原因所在、规律所在、方法所在。教师只讲答案，不讲问题，这样就把考试的意义抹杀了。一次考试本身就是一次学习，学习肯定要暴露问题，如果学生不知道问题所在，那考试的意义也就没有了。有的老师好一点，讲评过程中也会点到学生问题，但只讲问题，不讲原因，教师不去分析学生出现问题的原因，也不去引导学生自己思考产生问题的原因，这样下去，同样的问题仍然会出现。有的老师也会分析原因，但只讲原因，不讲规律，也就是不去分析这些问题、这些现象的规律，学生只知道具体个别现象，不能掌握一般规律，不会举一反三。这样一来,学生的收效也不会太大。有的老师也会讲一些一般性的规律,也能带着学生举一反三,但是只讲规律,不讲方法,也就是不去进一步地指导学生思考问题的方式,不去指导学生解决问题的方法,学生的思维问题不能得到解决,这也不能从根本上解决问题。真正促进学生成长的讲评试卷就是要与学生共同分析问题、分析原因、举一反三,让学生掌握规律,掌握方法,实现有效的进步。

还有一种问题是有面无点。也就是教师讲评试卷只讲全班学生总体的情况,不讲个别学生的具体问题。一个班级的学生肯定有相同的问题,但一定也有不同的问题,不同的学生有不同的具体情况。因此,从学生出发,帮助每一个学生发展,就要有个别面谈,考试之后与每个学生的面批面谈是一个非常有效的方法。针对这个学生的问题,做具体的分析,做具体的指导,真正做到面向每个学生,针对每个问题,为学生的成长发展负责。英国里丁肯德里克中学在新生入学后,每一个学生要和老师一对一地讨论制定个体长期目标,每个学期都设有成绩分析日,老师都会和每一个学生单独讨论学生的目标达成情况并提出指导意见。这也体现了教师对学生的人文关怀。

第三是考后奖惩。考试之后教师评卷,评卷之后讲评试卷,讲评之后许多老师会有奖惩措施,目的是激发学生努力学习。但怎么做很值得商榷。

中国广播网报道:云南昆明某中学有家长投诉,孩子班上月评成绩倒数后三名的学生要送礼给前三名的学生。该校副校长称:"学生是自愿买一些东西送给成绩好的同学的,老师尊重学生的意愿。"

上述这个案例十分荒唐,我估计这所学校的老师对采取这种做法还是颇为得意的,可能还觉得用这种方法是一举两得,奖惩并用,既奖励了成绩好的学生,又惩罚了成绩不好的学生。但他们唯独没有想到这样做会给学生极大的负面影响,且侵犯了孩子的正当权利,学校无权主张学生送礼,教师更无权逼着学生送礼,无论这礼物给谁!副校长的辩称更是此地无银三百两,"成绩倒数后三名的学生要送礼给前三名的学生",这范围的规定本身就是强迫的体现。这种做法对成绩好的学生不是鼓励,而是一种腐蚀,因为成绩好就可以不劳而获,就可以白白享受别人的进贡;这种做法对成绩差的学生是一种人格扭曲,因为成绩差就要向别人进贡。这是学校反伦理的教育,这是教师反道德的行为。

美国加利福尼亚州教师丽贝卡·米沃基获得了2012年美国"国家年度教师"奖,这一奖励在美国320万幼儿园和中小学教师中是历史最悠久的全国最高荣誉。有着15年教龄的丽贝卡说:"上好每一节课,留好每一次作业,把握住每一个教育契机,这些素质是任何一个优秀教师都应该具备的。"教师对学生的教育不仅体现在说教上,更重要的是体现在具体教学行为之中。每一次上课,每一次考试,都蕴藏着教育,都体现了教师的人文素养,都体现了教师的学生观。丽贝卡说:"当好老师,除了付出,没有捷径。对工作的无限热情,对学生潜力的无限信任,对每天工作取得一点进步的强烈渴望,还有对每天来到教室中这些具有特殊才能和天赋的孩子们的欣赏,这些正是全美国乃至全世界优秀教师身上表现出的共同特点。"

对学生的态度直接决定了教师的伦理素质,如果是基于对学生的无限信任、对学生的充分欣赏、对学生未来发展负责,那么教师的教学行为一定会充满人文性,体现出对学生的人文关怀。

(《今日教育》2017年09期)

警惕语文教学的考试化倾向

检视当下语文教学的问题，突出的一个就是语文教学的考试化模式。

语文教学原本是非常朴实的，不知从什么时候开始，语文教学开始走向功利化，它成为中考、高考考试的一个重要科目，是学生考上重点高中、重点大学不可或缺的敲门砖，围绕提高考试分数，语文教学开始异化，凡是能够提高考试成绩的方法都用上，凡是与中考、高考无关的东西都不再教、不再学。

甚至于语文课堂教学的模式也呈现考试化状态。一篇文章的教学，设置诸多问题，让学生回答，原本是现代文阅读考试题型，现在却非常常见地出现在语文课堂的现代文、文言文的教学之中，围绕这篇课文，教师预先设计了许多问题，课堂上就是这些问题的问与答，还美其名曰启发式教学。

为了增添课堂教学的热闹气氛，在学生每一次正确回答之后，教师让全班学生给予很有节奏的掌声。为了调动学生回答问题的积极性，有的教师将学生分成若干组进行竞赛，有的教师为回答正确的学生提供了一些小玩意做奖品，学生为了获得奖品，事先针对教师的问题去翻阅市面上出售的各种教辅读物，去寻找答案。一般说来，教师所设置的问题不会超越各种教辅，因为教师的问题基本来自教参，而各种教辅读物也是依据教参进行二次、三次改造编写，所以学生几乎可以不费吹灰之力直接把教辅读物上的答案拿来，回答教师的问题。所以我们经常看到课堂上学生都能准确答题，无须教师纠正，无须其他同学补充，只听到一阵阵很有节奏的掌声，一堂课在师生皆大欢喜之中顺利度过。

这样的教学问题出在哪里？首先，它是非常态的。一般说来人们常态的阅读是这样的：默默地阅读，静静地品味，看到精彩的地方画一画，摘一摘，注一注，评一评，与作者进行思想的交流、文字的对话。而问答式教学，是以一连串问题的问与答贯串语文课堂教学始终，虽然针对性强了，但是毫无疑问审美性弱了，学生对一篇篇美文，不再进行审美品读，不再有自己的审美感悟，一下子进入寻找答案的过程，课文的阅读变成找信息、找论据的过程。长此以往，语文教学必然堕落到无美、无趣、无味的地步，将导致学生不再有意愿兴趣去上语文课，不再有兴味读美文。事实证明脱离常态的语文阅读必然消减学生读书的兴致，败坏学生读书的胃口。

其次，不能以为学生课堂上的正确回答就是教学成功的标志，要知道学生大多数的正确答案来自各种教辅读物，事实上学生是走捷径获得了答案，这个捷径让学生缺失了独立思考，缺失了分析，缺失了论证，缺失了归纳，缺失了辩证，学生只是充当了搬运工而已，把教辅读物上的答案搬到了课堂上来对付教师，可怕的是教师还不自知，还以为是自己教改的成果。这样教学的恶果就是遮蔽了学生原本存在的问题，学生那些不解、那些疑惑、那些困难、那些错误全部被遮蔽掉了，教师无须指导，无须纠错，无须指明路径，无须教给方法，只须组织学生鼓掌即可；学生虽然学会了搬运，但是思维能力无疑是弱化了，因为不需要再思考，只要照搬就行，而且屡试不爽，久而久之，学生就不再分析思考了，思维能力当然弱化。

第三，不要以为用组织竞赛的方式能够刺激学生上课的积极性，不要以为运用奖励的方式能够解决学生厌学语文的问题，这种外在刺激的方式，在高年级学生中使用基本无效，在低年段学生也只能是短期内有些许效果，时间一长，次数一多，立刻无效，反而有负面效果。用外在功利的方式不能真正激发学生学习语文的兴趣，不能真正调动起学生的内在驱动力。我们需要的是培育学生对语文由衷的热爱。只有培育学生热爱语文，才能激发起学生学习语文、使用语文的内驱力。舍本逐末的做法要不得。

（《语文教学通讯》2011-6A）

后　记

　　潜意识里,我总觉得上海是我的第二故乡,虽然纯粹的上海人,并不以为我是上海人,但随着我离开上海5年了,离开越久,越觉得上海亲切,那种第二故乡的感觉更浓。其实我的这种感觉并不是来源于魔都上海的城市建设,而是来源上海的人和事,从34岁到53岁,头尾20年的生活经历有太多的挥之不去的记忆,这其中上海教育出版社《语文学习》编辑部就是我个人事业和感情交往重要的一个驿站,我的第一篇"著名论文"就是发表在《语文学习》上,《语文学习》"优秀青年教师名录"专栏第一个刊载的就是我的"事迹",首批出任《语文学习》栏目主持人的就有我一个,与《语文学习》的几任主编、副主编、编辑都有许多的交往,共同演绎许多好玩的故事。不久前,现任《语文学习》主编何勇电话里约我出一本书,那一刻我忽然有一种非常适意、幸福的感觉,虽然于我来讲,出版个人著作已经非常平常,至今已经有10多部个人著作出版,但《语文学习》的邀约,那是一种老朋友的惦念,那是一种唤起过去美好交往记忆的愉悦感觉,于是我欣然答应,于是就和责任编辑易英华有了笔墨往来。

　　2013年9月我从上海南下深圳办学,创办一所崭新的学校——深圳明德实验学校,一个53岁的人,按照过去的说法就是年过半百的老人,按照今天的说法就是油腻的中年男人,但我个人觉得自己还不是老人,觉得自己尚未油腻,还想拼命一搏,给自己的教育生涯画上最后清新淡雅的一笔,给自己留点回味。我就想安安静静地办学,办一所真正意义上的好学校,办一所孩子们喜欢的、朴素的学校。我不再追求那些炫人耳目的荣誉,感谢我在江西上饶、上海浦东的同事和领导,由于他们的认可,让我获得了"国务院特殊津贴""全国五一劳动奖章""全国师德先进个人""全国优秀教师"等一系列称号,我已经深知这些荣誉所包含的意义,但我更知道作为校长最重要的是让学校的教师们快速成长。我不再追求办一所受到各种表彰、得到各种铜牌的学校,因为在我担任上海市建平中学校长的期间,建平中学先后两次获得"全国精神文明建设先进集体""上海市首批实验性示范性高中""上海市文明单位"等铜牌,我已经深知所有这些牌子都很有意义,但我更知道学校最重要的意义就是让孩子们快乐成长。

实话实说,和全国许多优秀的校长、优秀教师相比,我的能力水平还有距离,但我愿意努力,愿意尝试一下,愿意挑战自我,去办一所理想的学校,于是我边想边做,边做边想,不断改进,不断前行,有时候也不免需要妥协,有时候也不免需要退一步,乃至退几步,但总体看来是向前走的,假如说在这个行走的过程中有点好习惯的话,那就是不停地做一些记录,记录自己的一些思考,记录自己的一些言行,之前曾经汇编出版过一本《为一所理想的学校而来》,现在又积累了不少文章,又汇编成新的一本著作,题名《安安静静办学》,以表明自己的心意,没有多少高度,也没有多少深度,只是一个校长的办学手记而已,于是加了一个副标题"书生校长的办学手记"。

是为后记。

2018年1月于明德校园

图书在版编目(CIP)数据

安安静静办学：书生校长的办学手记／程红兵著.
—上海：上海教育出版社，2018.10（2024.4重印）
ISBN 978-7-5444-8462-6

Ⅰ.①安… Ⅱ.①程… Ⅲ.①校长—学校管理 Ⅳ.
①G471.2

中国版本图书馆 CIP 数据核字（2018）第 230306 号

责任编辑　易英华
封面设计　7 拾 3 号工作室

安安静静办学
——书生校长的办学手记
程红兵　著

出版发行　上海教育出版社有限公司
官　　网　www.seph.com.cn
地　　址　上海市闵行区号景路159弄C座
邮　　编　201101
印　　刷　上海展强印刷有限公司
开　　本　700×1000　1/16　印张 15.5　插页 3
字　　数　220 千字
版　　次　2018 年 10 月第 1 版
印　　次　2024 年 4 月第 2 次印刷
书　　号　ISBN 978-7-5444-8462-6/G·7004
定　　价　48.00 元

如发现质量问题，读者可向本社调换　　电话：021-64373213